B

READ AND BE BETTER

[美]王冬妮——著

江河行地，海浪无声

我的祖父王赓

GUANGXI NORMAL UNIVERSITY PRESS
广西师范大学出版社
·桂林·

目录

序篇　百年回眸

1942 年，年近五旬、两鬓微霜的王赓再次踏上了前往西半球的旅程。

此刻的他体态苍老，脸颊消瘦，举手投足间给人一种久病未愈的感觉。王赓也深知自己目前的健康状况极度不宜车马劳顿，更何况是在战火连天的日子里跑去万里之外的国度，但他依然毫不犹豫地登上从印度洋赴北美的飞机。

穹苍之下，华夏大地伤痕累累，满目疮痍。

那年正是中国抗战最艰巨的第十二个年头，北平、天津、上海、武汉等重要城市相继失守，千万无辜平民在炮火中命丧黄泉，同胞所流的血足以汇成一条昼夜呻吟的长河。此时，全国军民誓死抵抗，坚忍不屈地守护着恢复河山的希望。日本人在西南地区进行着密集的疲劳轰炸，刺耳的警报声不分白日黑夜地响起，慌乱的百姓被迫放下手中的一切奔向防空洞，在黑暗中等待震耳欲聋、硝烟四起的地狱似的轰炸结束。等一切过去后剩下的是熊熊燃烧的大火，轰然倒塌的楼房，伤者的惨叫声、妇女儿童的哭泣声此起彼伏。但无论损失多严重，死伤多惨烈，冒着黑烟的废墟中总会响起歌声，凄凉又壮烈：

你看那八百壮士，孤军奋守东战场……

起来！……不愿做奴隶的人们……

这些人间炼狱般的声息、画面环绕在王赓的脑海中，渗入他的每个细胞中，给他带来一股坚定的力量。

飞机将要前往的目的地——美国，对当时的中国人来说还相当陌生，但对王赓而言载满了深厚的记忆。

十六岁那年，他在异常激烈的选拔考试中脱颖而出，被清政府派往美利坚留学。

一瞬间，他仿佛又看到当年那个百感交集的自己，正站在开往旧金山邮轮的甲板上，一边跟家人们拼命地挥手，一边任由眼眶在呼啸的海风中逐渐湿润。

少小离家，远渡重洋，山高水长，这一去便是七个春秋：从十六岁到二十三岁，他在地球的另一端褪去了青涩和稚嫩。再次回归故土时，他已是一名饱读诗书的儒雅军人。

时间的齿轮飞速转动着，那个他曾经深爱的女人仿佛在望着他，她那双如秋水般深不见底的眼眸把毫不知情的他卷入一场轰轰烈烈的情感纠纷中。再后来，另一件猝不及防的不幸事件，让他在短短一天内坠入地狱，从此在大小报纸上背负恶名。这两段不堪的往事在夜深人静之时还会偷偷浮上王赓的心头。

如今他已四十七岁，患有严重的心脏病和肾病，连一向对他信任有加的母亲都忍不住在临行前呢喃："受庆啊，你的身子真的能行吗？"

可就算是要用命来赌，那又如何？

现在是国家和民族最需要他的时刻。

王赓确信这次出行将会促进国际合作，从而联手击退日本。对胜利的向往驱动着他，可命运是否会如他所愿，给予他这个呈现生命价值、赢回应有尊严的机会？

一切要从一百多年前的 1895 年说起。

故事的主人公王赓出生于江苏无锡——一个依江傍湖、河渠纵横、青衣纸伞的江南水乡。十五岁那年，他告别家人，北上入京，踏入清华大学前身：清华学堂。周遭的场景从"小桥，流水，人家"变成了帝都的"宫墙，胡同，四合院"，耳边软软的无锡话一下子变成了嘎嘣清脆的京片子。

空间上的延伸和时间上的转变从那时起开始加剧。

一年后，他从清华预备班结业，坐上邮轮，在一望无际的太平洋漂泊多日，才抵达终点——那个全名为美利坚合众国、一个成立不到两百年的民主联邦政体。在那里，他先后就读于密歇根大学、哥伦比亚大学，接着又从普林斯顿大学和西点军校毕业。在"一战"结束的 1918 年，他学成归国，次年又代表官方前往法国参加巴黎和会。在接下来的十几年里，他往返于北京、哈尔滨、天津和上海等地，还曾一度旅居德国。抗日战争全面爆发后，他又驻足于后方的昆明和重庆，其间又去过香港，后来出国去了缅甸、越南和印度。

再后来，王赓在执行公务的途中客死异乡，葬在了古老埃及的首都开罗。那个听着吴侬软语长大的江南少年肯定不会想到，有朝一日长伴他左右的竟然会是北非的黄沙和烈日——童年里那个烟雨迷蒙、草长莺飞、粉墙黛瓦的江南终究是再也回不去了。

他的一生留下很多遗憾，但至少行遍万里路，看尽大千世界。他的足迹看似复杂，实则与传统的士大夫路径有所呼应。

古代中国的文人幼年受地方滋养，寒窗苦读，进京赴考，金榜题名后通常出任外地、出征前线或出使异邦（官员不准回乡任职）。仕途难测，宦海沉浮，若无意外，晚年则可衣锦还乡，落叶归根。因此男子建功立业的一生，就是一个从地方到中央，从故乡到异乡，最后回归故里的路线。

到了王赓这一代生于19世纪末、成长于20世纪初的知识分子，他们一生涉足的地域之广阔、接触的文化之迥异，是前人完全无法想象的。归根结底，当时的中国首次以极其被动的形式卷入西方启动的全球化浪潮中。在经历了鸦片战争、甲午战争、八国联军侵华等一系列惨痛失败后，中华民族终于从唯我独尊的大梦中惊醒，发现自己既不是万邦来朝的中央帝国，也不是"一喜四海春，一怒四海秋"的宇宙核心。异族文明不但气势汹汹地闯入了，还时刻提醒着国人，在这场较量中，中华大国已经远远落后于世界大潮，若想改变颓势，只有放下成见，择善而从。空间的拓展也带动了时间观念的重组。传统的中国历史沿着回顾和循环的方向运转，只因记事之初就出现了尧舜禹汤的圣贤典范，让后人只能顶礼膜拜而无法超越。可到了近代，西方的进化论"物竞天择，适者生存"的口号进入中国。在这套思想体系里，只有不断改良、除旧立新才能创造出更合理和先进的文明。在地理和时间观被颠覆的同时，更为惊心动魄的是文化系统的瓦解。虽然丧师失地、外族入侵和朝代更迭等各种灾难也曾席卷中华大地，但是以忠孝仁义、三纲五常为核心的儒家道德信仰从未被撼动。若文化根基不动，则只需"中体西用"便可解决危机。可是20世初的世界浪潮不单对物质和技术带来冲击，还撼动了旧有的道德伦理。一夜间，"天地君亲师"遇到了"自由、平等、博爱"，致使"文能提笔安天下，武能上马定乾坤"的人文理想不再有说服力。

中西文化体系虽然看似格格不入，但有一处高度重叠——对知识的重视和肯定。在经历了中世纪的文化断层后，欧洲迎来了文艺复兴和思想启蒙，知识探索再次被视作社会进步的核心。而在中国，"万般皆下品，唯有读书高"的思想一直深入人心，数千年来不曾动摇。如此一来，中西方都推崇"格物致知"，肯定教育的多层功效。因此尽管很多人对西方不甚了解，却很容易将中学、大学和博士与过去的秀才、举人和状元画上等号；于是通过中西结合的改良，传统的教育观和文人之风得以延续。

但新时代赋予的艰巨任务——重塑华夏文明这项巨大工程——在最先进的课本里也找不到现成答案。究其困难之处，一部分来自旧文化强大的韧性和高渗透度，更大一部分则来自现代化本身的不稳定性。民主之路在欧美各国本身就是一个不断遭遇背叛和反转的艰难历程。更为致命的是，那些强大的先进国家在现实中屡屡犯下军事侵略、资本剥削、种族歧视和压迫妇女等劣行，让现代文明产生无数疑惑和矛盾。面对这道高难度的题目，一百多年前的中国知识分子还是交上了一份属于自己的独特答卷，其中最显眼的执笔者是一群拥有乡绅背景的国际文化精英——他们的成员以沿海地区的优势作跳板，然后进阶海外吸纳先进资本，通过同校、婚姻、亲戚、同乡等关系形成一个具有影响力的共同体，最终以兼容的形式活跃于公民社会并参与全球文化共建。他们继承了中国士大夫"天下为公"的情怀和知识分子的使命感，两者的深刻结合为他们提供了一个修身齐家、振兴民族、引领人类的宏大格局。尽管这群人努力探索全世界走过的路，试图打通古今中外的壁垒，却在现实中屡屡碰壁。一方面他们憧憬着国际主义和四海大同，但另一方面又对华夏故土有着强烈的眷恋，两者在国家和民族的火焰中难以兼容。比如1949年，英国诗人E.M.福斯特劝当时留学英国的作家萧乾离开中国，并对他说："假如在友谊和祖国间作抉择，我会选友谊。"可对一个20世纪的中国人来说，私人关系最终还是要让步于家国情怀，于是萧乾留了下来。在婚恋方面，这个阶级最早响应个性解放的号召，也因此最早开始颠覆传统，其结果也是几家欢喜几家忧。此外，这个群体被攻击最多的地方就是他们身上所谓的"阶级特权"。当时大部分中国人居住在安土重迁、淳朴保守的乡村，正如费孝通在《乡土中国》中所说的："那些被称为土头土脑的乡下人，他们才是中国社会的基层。"相比之下，近代知识精英活跃在大都市的各类政府文化机构，所钻研的建筑、文学、艺术、外语和科学等，虽然高端优雅，却远离普通人的生活。于是这个少数群体与中国社会的基层犹如两个平行空间，时间一久必然产生隔阂与偏见。

时至今日，这个独特的群体指点江山的时代已经一去不复返了。原来的缙绅阶级早已消失殆尽，等到20世纪80年代中国改革开放之时，引领全球化的主力已成为资本、技术和跨国企业，那个胸怀天下的文化共建模式已成绝响。

王赓的身上能清楚看到那个群体的缩影。他出生在典型的江南书香门第，自小勤奋好学，后借庚子退款的契机走出国门，进入美国的高等学府和军事学院。在七年漫长的求学生涯里，他牢记身上的职责，不曾眷恋异国他乡，毕业后马上义无反顾地回归，奔赴属于他的使命。在婚姻上他赞同对平等和幸福的追求，拒绝复制旧式夫妻不平等的相处模式，换来的却是有一天被突然要求放手成全他人。再后来战争打响，王赓却因一次偶然事件被判刑入狱，还被舆论污名化，因而不得不在出狱后再次远走他乡，导致人生最宝贵的几年在囚禁和放逐中消磨。抗战全面爆发后，王赓再次受命出山。复出后，他在国家最艰难的岁月里，日复一日地奉献着自己的所长，坚持以善良和正直来回应过往的磨难。岁月或许带走了他的纯真，却从未改变他的信念，最终他因公病逝在埃及，年仅四十七岁。历史的滚滚洪流牵引着他的一生，但他也在时间的长河里留下自己的吉光片羽。

以上所追述的王赓就是我的祖父。

这本书将以人物传记的形式呈现他的生命轨迹，包括他的留学时光、情感经历、一·二八劫难、抗战风云，还有关于工作、家庭、友情和战争等点滴，以便更多人能了解他并走进那个属于他的独特年代。在探寻他的脚步、回味他的人生的过程中，我逐渐觉察到，尘封的往事对活着的人究竟意味着什么，我也寻找到了属于自己的答案。

第一部分　大洋两端

1895
/
1919

第一章　扬帆起航

——远渡重洋，只身赴美

1895 年，无锡王氏的长子王赓在无锡出生，这一年也是清廷签下《马关条约》的光绪二十一年。

王氏家族的祖籍在山西太原，北宋末年因战乱南迁，数度辗转，于元代定居无锡。明朝晚期在小河上的小娄巷建起"嘉乐堂"，王氏家庙"王公祠"坐落在东城门外吊桥塌沿护城河处（现无锡市解放东路兴盛大厦），祠堂后（现人民东路和平村、和泰苑一带）有百亩柏树坟地。嘉乐堂是一个典型的旧式簪缨世族。家训有言："孝悌为田，廉耻为本，读书乃第一义。"在此风气的熏陶下，家中子弟在明清两朝陆续有人考取功名。先人王一峰有一幅自画像保留了下来，上面精妙绝伦的小楷让人感受到文人气息的代代相传。到清季之时，嘉乐堂已传至第 21 世。王赓的先祖曾为浙江湖州府知府，父亲王甄如官居湖北通判。嘉乐堂的府宅在 19 世纪末仍是颇具规模，门前有三级石阶和照墙，入内后有六扇大门，还有前后门厅、小厅、大厅、楠木厅、主楼、仓厅、后花园、舍屋，共九进九出的庭院。特别值得一提的是第 19 世祖，也就是王赓的祖父王谷荪修建的重阳阁、爱日楼和由太湖巨石组成的五老峰。[1]

1895 年 5 月 15 日，也就是光绪二十一年四月二十一，一名男孩在嘉乐堂内呱呱坠地。婴儿每晚在吱呀作响的雕花木床上进入梦乡；在打磨得泛着油光的青石板上蹒跚学步；在玉带蟒袍的祖先画像前牙牙学语。在府内，他享受着传统带来的稳定和家族给予的庇佑，但墙外留给封建王朝苟延残喘的时间不多了。剧变带来的强烈阵痛已经让他注定与很多同龄人一样，生于忧患，饱经苦难。

虽然那年有甲午战争的"创巨痛深"，但喜得长男这件事让整个王家上下为之一振。王赓的母亲冯之珍来自距离无锡六十公里的常州，与过去的很多大户小姐一样缠着小脚。待到出阁的年龄，冯氏由父母之命许配王家。新娘子虽然拥有门当户对的背景和三媒六聘的婚约，但作为一个嫁入名门大族的年轻媳妇，一切还是充满变数：毕竟旧式女性的一生犹如一系列风险极大的赌博，在婚嫁、生育、婆媳关系等方面都需要极好的运气。还好老天眷顾，婚后没多久冯氏就接连怀孕，第二胎还是个男孩，为王家建立了大功。双亲为这个长子取名为"赓"，取"延续"之义，希望他能发扬祖志、光耀门楣，他的字"受庆"，也有"继承福赐"的意思。

说来神奇，王家的这个长子似乎也在冥冥之中积极回应着众人的期盼，从小就"立志苦读，弃绝一切嗜好"，并且贴心懂事，做什么决定都会征求母亲的意见。后来又有了弟弟妹妹，但母亲依然最珍爱大儿子。身边的女眷仆从不禁赞叹王夫人真有福气，有了这样一个有出息的后代，下半生就有了依靠。

王赓的出生地无锡位于长江下游的江浙地区，此处自明朝起便已成为全国的经济中心和科举重镇，因此养育出不少历史悠久的书礼世家。到了19世纪，朝廷因为内忧外患而自顾不暇，皇权的孱弱反而给地方民族工业的发展创造了空间。随着当地经济的不断发展，加上1843年上海开埠后的商贸效应，西方文化和现代教育逐步在当地播下种子。但直到王赓该上学的年龄，无锡当地还没有设立新式小学，于是他先被送进私塾接受传统的开蒙教育。等他再大些，开明的长辈们决定送他去位于杭州的安定学堂学习。

安定学堂建立于1901年，比科举制的废除早了四年。由上海商人胡趾祥独立创办，当年的开办费高达八千银元，另外还有六万元基金的利息维持开支。胡趾祥以"体用兼全，作育人才"作为办学宗旨，并广邀仁人志士加盟，比如当时的社会学家陈叔通和白话文提倡者项藻馨（字兰生）都加入了学校的建设。拥有如此厚实的财力和高瞻远瞩的办学理念，这所私立中学的师资和教学水平在清末相当超前。著名的美国教育家约翰·杜威（John Dewy）1920年访华时就曾前来参观，历届校友中还出现过茅盾、钱学森等知名人士。

初入安定学堂的王赓第一次体验到了"念书"和"上学"的差别。之前他整日背诵着四书五经，遇到不懂的地方需要自己慢慢领悟，但安定学堂教授的是英文、数学等西式科目，老师根据教科书，从学生的角度详细解释其中的要领。王赓迅速适应并喜欢上了这种

胡趾祥　　　　　项兰生

图 1.1.1：安定学堂的两名重要创始人。

新式课程。在现代教育环境的激发下，王赓在求知的道路上一日千里。皇天果然不负有心人——眷顾他的机遇如期而至。从 1909 年起，大清政府遵从美国的要求，用部分减免的庚子赔款资助一些资质出众的年轻学子赴美留学。候选人数根据之前各地对庚款的贡献比例而定，江浙及广东几省因而获得较多名额，成绩优异的王赓在本地的考核中脱颖而出，于是被顺理成章地上报推荐。

获得考试资格只是第一步，接下来的选拔才是真正的过五关斩六将。

当时官方对外公布的选拔标准只有简短的十六个字，"身体强健，性情纯正，相貌完全，身家清白"。事实上，这简单的要求背后有一套严苛且复杂的筛选流程。就拿第二届选拔考试举例来说，头两日考国文和英文，不及格者被尽数淘汰。接下来还有三日的测试，第一日考代数、平面几何、法文、德文、拉丁文，第二日考立体几何、物理、美国历史、英国历史，第三日考三角、化学、古罗马希腊史。由此可见，若想脱颖而出，不但需要精通中英双语，还要掌握国外的专业知识。可这就如同要求一名生活在传统东方文化中的学生能在美国中学里发挥出色，抑或一名从小背诵四书五经的学童同时知晓欧美的各种知识。如此中西兼顾的人在今天都不多，更何况是一百多年前的中国。这场耗时耗力的选拔赛让一旁观察的外国人暗暗吃惊：没想到清朝虽然腐败无能，办起竞争激烈的知识选拔却如此一丝不苟。正因如此，报名的人虽多，符合要求

图 1.1.2：1903 年杭州安定学堂开课式合影。

的却寥寥无几，以至每年预留的一百个名额都无法招满。

面对着这样艰巨的挑战，王赓发挥出色。1911 年的 2 月 12 日—14 日，有 1000 名来自中国各地的考生前来参选，有 116 名通过了初试。3 月 5 日—6 日又进行了第二轮考试，最后只录取了 63 人。加上前两批，庚子留学生总共录取了 180 人。王赓以第 13 名的优异成绩成为第三届庚子留学生中的一员。这次考试也是清政府主持的最后一届选拔考试，入选的留学生当中出现了梅贻琦、胡适、赵元任、竺可桢等民国时期的风云人物。在这群骄子中，又属来自江浙的人数最多，再次印证了两省在经济文化方面的实力。

考中庚子留学生那一年，王赓才十六岁。而庚子留学生的平均年龄在十八岁到二十岁之间，王赓站在这群学生中略显矮小。虽未成年，可他需要立刻收拾行囊，告别家人，在清华大学的前身游美学务处接受集训，然后只身前往遥远的异国他乡开始新的生活。在出发的前一夜，全家人聚在一起道别。父亲叮嘱王赓要发愤图强，不忘家训祖规，在外待人处事需得体有礼。母亲没讲什么大道理，只是紧握了王赓的

手，让他好好保重。她深知这个孩子身负重担，虽然年幼，却已是家族的脊梁，绝不能让自己的牵挂成为他前进的羁绊。但母亲会每天默默祈求观音菩萨，保佑爱子在远方无灾无难——虽然她也不清楚美国那个地方归不归菩萨管。大妹畹兰和二妹翕青乖顺地立在母亲身旁，这两个姑娘已经是母亲治家上的好助手。大弟慕山、三妹淑敏和三弟兼士均年幼，尚无忧无虑，他们只觉得大哥可以去那么远的地方，一定是天下最厉害的人。最小的兼士在旁提醒，一定要写信告诉他那个黑黢黢、硬巴巴的巧克力究竟好不好吃。

1911 年 8 月 10 日，王赓和其他留学生一同登上停靠在上海码头的波斯号邮轮。在一阵鸣笛声中，船身调转方向，缓缓驶向大海，身后的人和物越来越模糊，最终与地平线融为一体。未及弱冠的王赓猛然意识到，自己正在离开所熟悉的土地，不知多久才能回家。在往后漫长的求学岁月里，由于通信和交通的不便，故乡的景象——全家坐在一起吃饭的热闹场景，母亲浅浅的微笑，黄梅季节潮湿的空气，夏天水道里荷花的清香——都因隔山跨海而慢慢模糊，最后简化为一段由异国字母组成的地址。有道是此去经年，唯有鸿雁传书，梦境重温。

他转身眺望前方，水天相接，浩渺苍茫，浪涛翻涌，此时他的心情也如海水般澎湃，一阵阵翻滚着离别的哀伤和不舍，又沸腾着属于少年独有的兴奋、好奇与骄傲，同时还沉淀着与年龄不符的责任感和忧患意识。此刻有谁能告诉他，此行的终点站美国是一个什么样的地方？那里的人又会如何对待自己——一个刚刚剪完辫子、脱下长袍、举目无亲的中国少年？

第二章　新新之国

——年轻的国家，无限的希望

　　邮轮上的一切充满了新奇感，让人目不暇接、印象深刻。首先让王赓大开眼界的就是来自不同国家的人。比王赓早一届的庚子生张福良如此形容在船上的各类游客：有一对美国的传教士夫妇，他们"哈哈哈"地笑起来时，声音响彻云霄；有五个永远扎堆在一起的日本人，信奉"不予亦不受他人"；还有一个威风凛凛的德国军官和他的下属，散发着一种德国皇帝和宰相俾斯麦在微服私访的气场。有些外国男女还会时不时在大庭广众之下开心地拥抱、亲吻、跳舞，这些举动对饱读圣贤书、从未见过父母肢体触碰的中国少年来说真是匪夷所思！[2]

　　受到巨大刺激的不单是眼之所见，还有肠胃。王赓家乡的江浙菜肴小巧精致，浓酱重糖，最出名的有无锡排骨和小笼包，平日里还有各种河鲜、糕点和随时可以喝到的热茶。在邮轮上，精致的中餐被豪迈的西餐取代，饭桌上换成了血淋淋的牛排、干巴巴的土豆、全生或煮烂的蔬菜、带有腥味的奶酪和油腻的黄油。搭配这些"野蛮食物"的则是苦涩的咖啡或冰冷的牛奶，连握在手中的竹木筷子也换成了笨拙的金属刀叉。总之，在西方的饮食文化里，连平日家中最普通的粗"茶"淡"饭"都成了奢侈品。

为了融入这样的环境，庚子生们早已剪了辫子，留起短发，换上定做的西服套装，这些改变在守旧派眼里简直是离经叛道——中国人向来对服饰赋予深刻意义，孔子曾在服装应该左衽还是右衽上大做文章，把它视作区分华夷的标志。两千年后清兵入关颁布了"留发不留头，留头不留发"的命令，强制汉人留辫子。可等清朝灭亡时，竟又出现了一批誓与辫子共存亡的遗老遗少。其实"西洋蛮夷"在穿着方面也有一定的讲究，比如在公共场合必须着正装——对男士而言就是西装、领带，搭配大衣和礼帽，这才能体现对他人的尊重。于是留学生们为了"崇国体"，从上船那一刻就毫不含糊地一身西装，连进餐或闲逛时也不例外。往后他们就算落魄潦倒，也都是这身打扮。这倒并非为了凸显身份，而是出于习惯性的礼节。

虽然乘客们来自天南地北，但在将近一个月的时间里，"华夷"双方必须在同一艘船上"同舟共济"、和平相处。面对这些洋人，少不了有齿少气锐、好奇胆大的中国学生主动前去攀谈，率先尝尝国际交流的味道。比如上文提到的张福良，他和外国人混熟后还玩起了游戏：游戏双方分别站在一根摇晃的木桩上，尝试用枕头把对方打下去。结果张福良大获全胜，着实得意了一番。

王赓乘坐的波斯号在航行了将近一个月后，于1911年的9月4日抵达美国西海岸，停泊在旧金山海湾内的天使岛。这座岛屿景色秀丽，与旧金山咫尺之遥，可惜虽被冠以"天使"的美名，实则却是华人的梦魇。

自美国建国以来，美国社会就被两种不同的声音支配着。第一种倡导建立一个开放多元的社会，通过交流减少纷争和摩擦，用学习和进步来取长补短。支撑这套观念的是对民主制度特有的自信和乐观，有如古希腊政治家伯里克利对雅典的赞美："我们这座城市是天下人的表率，它敞开大门，从未驱逐过一个外邦人，也不成天疑神疑鬼，把别人当成奸细。"与之相反的则是高度警惕和焦虑的政治理念，其代表是如修昔底德在《伯罗奔尼撒战争史》中形容的斯巴达。斯巴达认为政体之间只有嫉妒和敌意，和平只不过是长期战争中的短暂插曲，只有高度统一才能团结对外。这两种截然相反的理念一直交替纠缠，影响着美国的移民和外交政策，在现实中又与党派斗争、经济商务、文化传播和民间交流等诉求纠缠在一起。

在1820—1890年之间，美国的工业发展吸引了1200万欧洲人前来闯荡，形成了历史上第二个移民高峰。不同于早期的英国清教徒，这批人大部分来自德国西南部和爱尔兰，信奉天主教，聚集在经济发达的大都市。面对突然空降的陌生语言、信仰以及传统田园生活的没落，不少老牌美国人开始愤愤不平，他们发起护国的口号，试图用暴乱和立法来排挤异族。在一阵阵强烈的排外浪潮中，华人却莫名其妙成为最大的受害者，尽管他们的人数不到美国总人口的0.2%。

在王赓到来之前，那些在19世纪末就背井离乡的中国人究竟被什么诱惑，让他们敢于成为"第一批吃螃蟹"的北美移民？19世纪前期建国不久的美利坚开启了来势汹汹的工业革命，高速的经济增长促进了社会全方位的发展，而大洋彼岸的大清却依然固守自封，傲慢无知，长期的滞后和腐败所造成的恶果，在鸦片战争中暴露无遗。此后的战争巨额赔款、连年的自然灾害和严重的内乱等导致不少地方民生凋敝。此外坊间又一度传出北美遍地黄金这样魅惑人心的传言，尽管大多数中国人对异乡充满恐惧，但也总有小部分人甘愿铤而走险，去海外闯荡一番。

出于产业扩张的需求，美国的工商界对华人廉价劳动力表示欢迎，签署于1868年的《蒲安臣条约》更是将两国关系推向高峰。这项协议确立了双方的对等地位和最惠国待遇，并授予华人自由迁移及平等身份的权益。该条约的幕后功臣是美国外交官、中外交涉全权使节安森·伯灵格姆（Anson Burlingame），汉名蒲安臣。这一传奇人物生于纽约州，毕业于哈佛大学，留着茂密的络腮胡，祖上是地道的英国清教徒。他在早期曾排斥爱尔兰和德国移民，后来不知何故心性大变，决定和黑奴站在一起。为此他创建了共和党，还亲自约一名反对解放黑人的南方政客决斗，吓得对方不敢现身。1861年，来自共和党的新任总统林肯任命蒲安臣为驻华公使。照理说，这样一个地道的美式人物跑到当时封建落后的大清，无论如何都会水土不服，但这位蒲安臣先生偏偏能跟清朝上下打成一片。作为外交官，本质上，他主张"门户开放"，力求扩大美国在华利益、维护列强在华特权，但在表面上，他提倡求同存异，反对滥用坚船利炮，还发挥自己的艺术细胞为大清设计了国旗，在中国颇有"人缘"。他卸任

图 1.2.1：蒲安臣被清廷聘为中外交涉全权使节。

后，恭亲王奕䜣便游说朝廷返聘他为大清驻美公使，让他成为历史上唯一接连效命美中两国的奇人。时至今日，从中国飞往旧金山，出机场后开车不到十分钟就会路过伯灵格姆（Burlingame），一个以蒲安臣的英文姓氏命名的城市，此地成为迎接远东客人的首站，也算告慰这位中美外交官的在天之灵。

就是这样一个传奇人物一手促成了《蒲安臣条约》的出台。可惜好景不长，局势在短短二十年内就急转直下。美国于 1870 年陷入经济萧条，随着就业市场的萎缩和社会福利的缺失，大量劳动者陷入生存困境。之前被赞美吃苦耐劳的华人转而被指责掠夺工作并破坏罢工，在既无话语权又无政治后台的情况下，他们变成了社会矛盾的替罪羊，成为导致一切灾难的"黄祸"。早期移民本身因为文化

图 1.2.2：蒲安臣设计的大清国旗。

图 1.2.3：伯灵格姆市徽。

程度低，与当地社会缺少融合，不少劳工闲暇时又喜爱打麻将和抽鸦片，再加上留辫子和裹小脚等"怪异"的外形特征，因此都给"黄祸"这一形象增添了凭据，于是各种丑化中国人的文字和图片被广泛传播，各地的反华组织不断出现。

在巨大的压力下，美国国会"顺应民意"，在1882年通过了臭名昭著的《排华法案》，禁止中国人来美谋生，也不让当地华人成为公民。在整个美国移民史上，专门制定一个法案来歧视一个民族的做法还绝无仅有，偏偏是华人首先获此"殊荣"。

面对如此公然的歧视，太平洋另一端的国人绝无坐视之理。在华侨团体的倡导下，中国各界在1905年组织了历史上首次自发的反制裁运动，在全国二十多个大城市获得热烈响应。这波强力的反弹让当时的西奥多·罗斯福总统惶恐不安，生怕这股浪潮会断送美国在华的商业和传教活动。出于对远东地区战略布局的综合考量，罗斯福产生了将一部分庚子赔款退还给中国用于教育医疗事业的想法。还有一种说法认为，此事完全是中国驻美公使梁诚的功劳，是他在谈判时听到美国人不小心"说漏嘴",提到中国的赔款金额过高,于是乘胜追击,让美国人作出让步。总之,这次退款为王赓等人的留美之行打开了大门,赋予了这群少年探索世界的羽翼。

总结而言,一百多年前的中国在奋力保卫自己不被亡国灭种,一百多年前的美国则在致力于成为一个以移民为主的现代化工业国家。前者的关键在于推翻和改造价值系统,扬传统之精华,弃其糟粕;后者的挑战来自如何落实和贯彻民主与平等,缓解种族和阶级间的对立。无奈在美国的政治拉锯中,数量极少的华人团体被推到了风口浪尖,无辜地成了最大的受害者。王赓将要面对的不仅是陌生的文化习俗和生活习惯,还有对中国人的各种偏见和歧视。

在民用航空普及之前,只有海路可以抵达美国。欧洲的移民沿着大西洋的美国东海岸航线,从纽约的艾尔斯岛(Ellis Island)入境。邮轮靠近时,能清晰看到竖立在旁的自由女神像,巨大的身躯耸入云霄。这个梦幻的画面给第一次来美的移民带来极大的震撼。也许某一天他们还会发现,雕塑的底座上有一首专门为他们而作的诗[3]。沿着这座神像脚底的航道蜿蜒前行,成千上万的欧洲人涌入美国,女神手中的火炬为他们燃起对未来的无限憧憬。

与纽约艾尔斯岛相对应的是西海岸的天使岛,接收另一头来自亚洲的入境者。自《排华法案》通过后,中国人在此受到"特殊照顾",稍有差错就会被扣留或遣返,但同为亚裔的日本人安然无事,欧洲人则受到格外礼遇。面对这种赤裸裸的不公平,在这个原先属于印第安人的小岛上,被长期拘留的中华子民用古老的方块文字,在牢房墙壁上刻下这样的诗句:

从今远别此楼中，各位乡亲众欢同。莫道其间皆西式，设成玉砌变如笼。

萍飘作客到此方，登楼感慨思故乡。为着家贫流落此，致令受辱赛心伤。

这几行汉字无声地质问着那个手握火炬、宣称要为所有贫困孱弱者引路的女神，直指她脚下与民主理想背道而驰的谬妄现实。

由于王赓一众是官派生，与外交、商务和观光人员一同，属于《排华法案》豁免的特殊对象，因而被获准放行。美国政府的档案里保存了当时的入境记录，上面第一次出现了王赓用字母拼写的全名。他的英文名"Ken"，和"赓"字本身的韦氏拼音"Keng"相近，极有可能是清华的外教为他取的，比其他保留拗口中文原名的留学生显得更洋气。

王赓看到了天使岛海关人员脸上对中国人的不屑。但他重新摆正了一下自己的领带，用"高雅"的英语对答如流，语气不亢不卑，神态安然平静。他充满教养的样子让这几个美国官员诧异，因为平日里他们见多了经济条件和教育程度偏低的华人移民，便觉得中国人来美后都只会从事最苦最累的工作，比如淘金、修建铁路、农业、洗衣等；此外，他们认为从中国来的人也胸无大志，只喜欢聚集在拥挤嘈杂、与主流社会隔绝的唐人街打牌赌博。他们不知道还有像王赓这样的人——来自文化底蕴深厚的家庭，接受过良好的教育，会说多门语言，且见多识广、眼界开阔。现如今作为美方邀请的官派

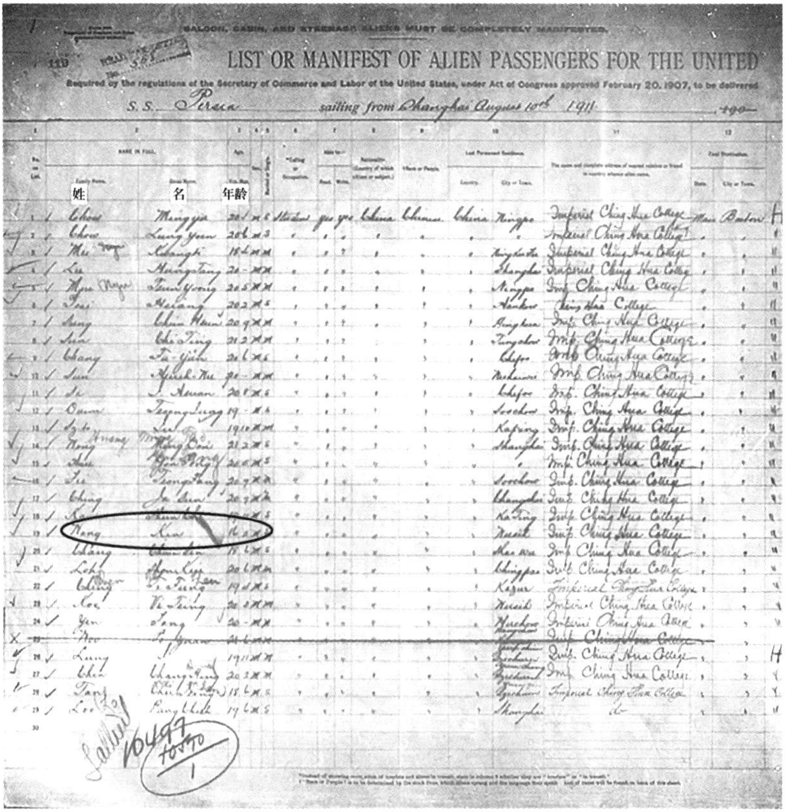
SALOON, CABIN, AND STEERAGE ALIENS MUST BE COMPLETELY MANIFESTED.

LIST OR MANIFEST OF ALIEN PASSENGERS FOR THE UNITED

Required by the regulations of the Secretary of Commerce and Labor of the United States, under Act of Congress approved February 20, 1907, to be delivered

S.S. Persia sailing from Shanghai August 10th 1911

姓 名 年龄

图 1.2.4：前往旧金山的乘客表，上有王赓姓名。来源：美国国家档案记录管理局。

生，他们即将进驻令人羡慕的高等院校，不但将以最先进的知识实现自我突破，还将努力为生民立命，为往圣继绝学。庚子生的表现也将让美国人看到，才华和成就与肤色、背景无关，文明之间也无绝对的先进或落后，取长补短、交流借鉴才是这个世界所需要的。

天使岛的体验让大家心情沉重，在别人地盘上做处处不受欢迎的外国人是一种从未有过的身份体验。更让人担心的是，这不过是个开头，照这样来看，以后会遇到多少欺辱？在这些不安的思绪中，载着庚子生的船已经到达三藩市，正式进入美国国境。

岸上迎面而立的是气势恢宏、高耸着一座四方灯塔的渡轮大厦，从中穿越而出后即抵达内河码头（Embarcadero），眼前呈现的就是旧金山的主要交通动脉——著名的市场大街（Market Street）。这条斜穿整座都市的主干道笔直宽敞，两旁高楼林立，商铺云集，路中间行驶着直行的电缆车，穿梭两旁的有马车、自行车、敞篷汽车等交通工具，还有脚步匆匆的行人，他们中有戴着黑色博勒帽、西装革履的男士，有拖着落地长裙、头顶宽边帽的淑女，还有衣着轻便、兜售报纸的男孩。这些活跃的个体、转动的机械、庞大的水泥大楼和完善的城市建筑组合在一起，有如一支雄浑的交响乐队，演奏出一个现代化工业大国的旋律和节奏，让王赓眼花缭乱。

在旧金山稍作休整后，这群留学生便启程前往各地的学校。从这一刻起，王赓的大量信息被保存在美国教育档案之中。

第三章　博雅之殿

——开放的密歇根精神

王赓就读的第一所学校是密歇根大学。它位于美国东部的五大湖地区，乘坐火车从西部出发，横跨广阔的北美大陆，这条所谓的太平洋路线正是由当年无数的中国劳工所修建。从旧金山到密歇根的旅程总共耗时四天四夜，漫漫旅途中可以看到怪石嶙峋的荒漠，绵延起伏的落基山脉，茫茫无尽的中部大平原，让人感叹美国疆土之辽阔。除了风景之外，沿途还能看到居无定所的印第安部落，他们原先是美洲大陆的主人，现在却因为欧美文明的入侵惶惶不可终日，这种惨烈的状况也引发了留学生们对中国未来的担忧。

美国媒体对这批刚刚下船的中国学子非常感兴趣，发表了标题为《在我们身边的八百名中国学生》的文章。作者首先报道了七十二名中国学生于几周前抵达旧金山，然后笔锋一转，追忆起了此前在1872—1875年被派来的一百二十名大清幼童，并感叹道，当年他们还未结业，就被反复无常的清政府勒令返回，然后被搁置一旁，不受待见，让人十分惋惜。好在今非昔比，随着大清的逐渐开放，时隔近四十年又来到美国的中国学生一定会大有作为。[4] 这位作者还称赞退还庚子赔款是美国外交史上最具眼光的决定，因为这些中国学生不但成绩优异，还在各类活动中接连获奖，连最不擅长的体育方面也进步神速，他们在各校的赛艇、网球、棒球和足球队里都留下了身影。报道在谈到留学生时，代入感很强，在标题里就把他们定义为"我们的人"，为他们的成就骄傲，为他们的冷遇鸣不平。

那么，20世纪初的美式大学究竟有什么样的魔力？何以让语言文化不同的中国学子大放异彩，还让充满偏见和傲慢的美国社会将他们认作"自己人"？美国高校继承的是源自欧洲的博雅教育（liberal education），其核心是希腊罗马的古典文化和基督教的仁爱道德，其目的是塑造一个个引领社会大众、热衷公共事务、拥有自由意志的先驱者。这个目标不同于培养范围狭窄、不论时事的技术专家，亦非生产服务资本、听命于老板的公司员工。因此这套体系也被称为人文教育、通才教育或全人教育。博雅的精神依靠文史哲等古典读物代代相传，这些典籍的重要性有如中国的四书五经，直到"二战"后才因为教育的精分化和实用化而衰落。

显而易见，博雅之道虽然立意高远，但只适合衣食无虑的特权阶级。因此在美国建国初期，美国的不少名校都敞开大门，积极招揽学生，但招生的效果平平，以至当年全美的大学生人数一度不足四万。随着社会的逐步重视和大量政府和私人资金的投入，高等教育被迅速推广和普及。到了 1900 年，十四所研究型的综合学院，包括现在如雷贯耳的哈佛、耶鲁、哥伦比亚、加州、密歇根、斯坦福等，共同组成了美洲大学协会，一起探讨如何提高学术规范，做到和欧洲老牌大学分庭抗礼。通过坚持不懈的努力，从南北战争到"一战"期间，美国的高等教育普及率实现了井喷式增长，就读大学从有钱人的特权变成了流行的大众现象。

各种意识形态和政治焦点也在校园里引发争议，比如对犹太人、非裔和女性的歧视以及有关人种的论战。拿王赓后来就读的哥伦比亚大学为例，曾有一名叫弗朗茨·博厄斯（Franz Boas）的德裔犹太学者在 1896 年创立了人类学这一学科。在往后的几十年里，博厄斯和他手下的女性、非裔、犹太裔学生冲破各种偏见和限制，对边缘地区进行了实地考察，不断用事实证明社会的发展程度并不受种族限制，而是偶然历史因素的产物。他们还推出了日后引发西方民权运动的文化相对论（cultural relativism），强调世界上的族群各有自己的长处和特点，不能粗暴地定义为先进或落后。这些观点用实据反驳了当时流行于民间的人种优越论。后者的代表在 1916 年出版了一本书叫《伟大人种的逝去》（The Passing of the Great Race），用所谓的"科学方法"证实了北欧人的优秀基因，并呼吁政府必须防止高贵人种被"人种污染"或"拖累"。此书畅销热卖，远在德国的希特勒看了后甚至亲自写信向作者表示感谢。在此之前，美国国会就已出巨资试图"科学化"地研究人种问题，结果负责这项工作的迪林厄姆委员会（The Dillingham Commission）花费一百万美元，耗时四年，在王赓赴美的 1911 年公布了厚厚的四十一册结果，竟然肯定了人种差异这个荒谬之说。

在这样一个偏见和歧视横生的社会大环境里，追求真理的大学必须不断同傲慢与偏见作战。尽管如此，世界上也没有一块土地能完全避免外面的风雨。同样毕业于清华，在王赓之后留美的著名诗人闻一多，就是因为见惯了美国种族歧视的丑态和西方人对物质的迷恋，而对美国毫不眷恋，公费五年期限未满就提早打道回府的，但像他这样敏感又态度决绝的留学生并不多见，大多数人权衡利弊，最终还是觉得美国提供的深造机会可以抵消它的各种不足。

与欧洲学府相比，在民主制度中诞生的美国大学更具有自治特色，学校的日常通常由校师生共同管理。完整的大学经历也并不是单纯的埋头苦读，而是由三部分组成，缺一不可。首先自然是课堂上的学习，其次是校园活动，再次是娱乐。后两项绝非点缀，它们的重要性只需看官方校报就能一目了然。上面的"热门话题"和"英雄事迹"几乎从不跟考试成绩和年级排名有关，而是对校务时政的建议和点评、最新体育比赛的结果，还有各种活动、奖项和趣闻。比如，哪个新组织又召开了大会、举办了串联等等。留学生们也受到这种"不务正业"的风气的影响，不少日后声名鹊起的人物在美国读大学期间都是既会读书又善于社交，因此永远在人群里活力四射。比如胡适在大三时出任了康奈尔大学世界主义俱乐部（Cosmopolitan Club）的主席，倡导与各国留学生携手并肩合作。这个经历用他自己的话来说就是"胜读三月书"。

美国大学也充分认可年轻人对娱乐、游戏和恋爱的需求。作为一个稳定的现代化国家，美国人没有民族救亡和家国复兴的沉重负担，再加上博雅教育的对象本就是衣食无忧的绅士阶层，因此美国人的读书体验中少了很多压力和苦情。受美式教育熏陶的林语堂就宣称自己考试时永远是第二，因为班上有个笨蛋每次都非要考第一，而他从不屑为考试而耽误玩耍。[5] 胡适在美留学期间虽然时常自我鞭策，但依然有足够的时间和一名教授的女儿韦莲司（Edith Clifford Williams）交往，还在日记里留下连日打牌的记录。胡适的同期好友赵元任、在欧柏林读书的蒋廷黻也没因学习而耽误与外国女生外出约会。

王赓身上也同样能看到这三种不同的元素，只不过他的书生成分比较多，社交和娱乐的部分相对较少，比他还"不均衡"的例子则是名满天下的陈寅恪。陈寅恪在留学期间连学术组织都很少参加，几乎所有时间都在闭关研究学问，甚至对获取学位这件事也不屑一顾，是个妥妥的书呆子。[6]

在 1911 年的 10 月 3 日，位于安娜堡的密歇根大学迎来了新学年的第一天，此时美国中西部地区正值秋高气爽的好时节，这一日，五千多名学生涌入这所拥有近百年历史的老牌大学，其中有为数不多的留学生，位居第一的来自中国，之后是加拿大、印度和日本。

有几张简单的表格记录了王赓在密歇根大学一年间的学习情况。其中一张显示了他在工程系注册，选了一年级的语文、德语、数学、绘画、体育，还有高年级的化学、化工、矿产学，并参加了暑期学校。与之相比，有关校园生活方面的信息则要丰富翔实得多。在开学后的第二周，《密歇根日报》就发布了中国同学会（Michigan Chinese Students' Club）的招新通告，还提到今年庚子学生的到来，

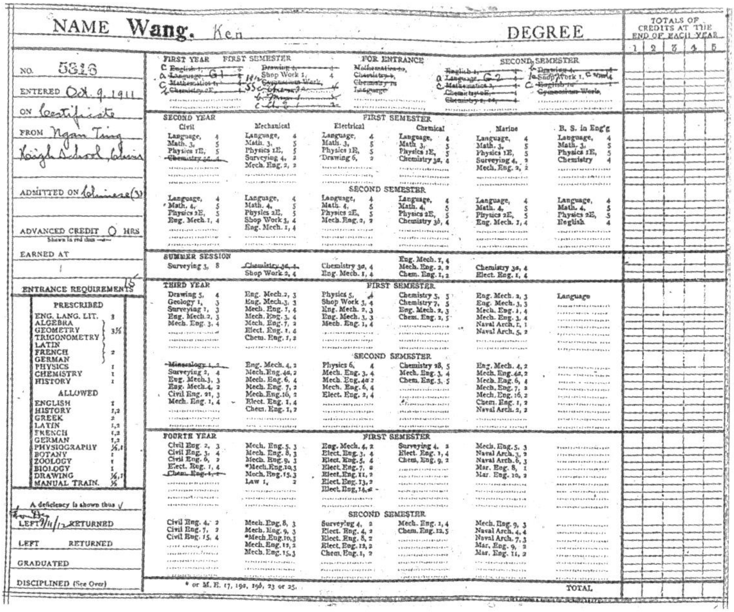

NAME Wang. Ken DEGREE

TOTALS OF CREDITS AT THE END OF EACH YEAR 1 2 3 4 5

NO. 5316

ENTERED Oct. 9, 1911

ON Certificate

FROM Ngan Ting High School, China

ADMITTED ON Chinese (3)

ADVANCED CREDIT 0 HRS

EARNED AT

ENTRANCE REQUIREMENTS 15

PRESCRIBED: ENG. LANG. LIT. 3; ALGEBRA, GEOMETRY 3½; TRIGONOMETRY; LATIN, FRENCH, GERMAN 2; PHYSICS 1; CHEMISTRY 1; HISTORY 1

ALLOWED: ENGLISH; HISTORY; GREEK; LATIN; FRENCH; GERMAN; PHYSIOGRAPHY; BOTANY; ZOOLOGY; BIOLOGY; DRAWING; MANUAL TRAIN.

A deficiency is shown thus √

LEFT 9/11/12 RETURNED

LEFT RETURNED

GRADUATED

DISCIPLINED (See Over)

FIRST YEAR FIRST SEMESTER — FOR ENTRANCE — SECOND SEMESTER

SECOND YEAR FIRST SEMESTER: Civil, Mechanical, Electrical, Chemical, Marine, B. S. in Eng'g

SECOND SEMESTER

SUMMER SESSION

THIRD YEAR FIRST SEMESTER

SECOND SEMESTER

FOURTH YEAR FIRST SEMESTER

SECOND SEMESTER

* or M. E. 17, 19a, 19d, 23 or 25.

TOTAL

图 1.3.1：王赓在密歇根大学就学期间的成绩单。

让密歇根大学成了中国学生聚集最多的学府，口气中流露出来的骄傲与社会上视华人如“黄祸”的态度简直天差地别。[7]

有一句西方谚语说“既到罗马，则如罗马人（When in Rome, do as the Romans do）”。在新的环境里，过去只知道好好学习的王赓也受到“煽动”，果断加入了中国同学会。会员的合影成了他留下的最早的一张照片。当时他才十六岁，戴着永远陪伴他的眼镜，脸上若有所思，但丝毫看不出稚气。

成立社团可以提高自我地位，也可以维护国人的国际形象。中

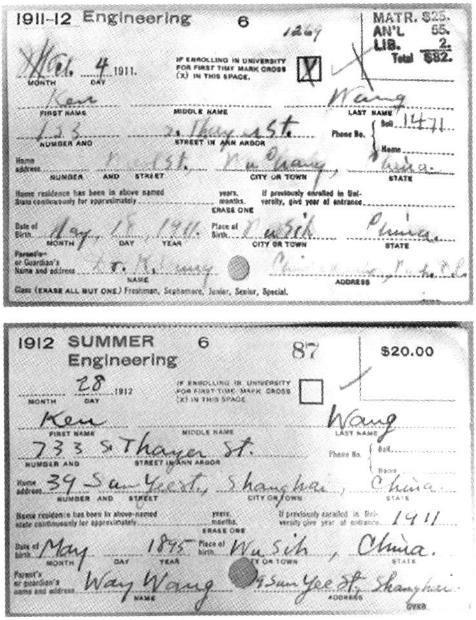
1911-12 Engineering 6 1269

MATR. $25.
AN'L 55.
LIB. 2.
Total $82.

Oct. 4 1911.
MONTH DAY

IF ENROLLING IN UNIVERSITY FOR FIRST TIME MARK CROSS (X) IN THIS SPACE. [X]

Ken — FIRST NAME
MIDDLE NAME
Wang — LAST NAME

NUMBER AND STREET IN ANN ARBOR

Phone No. Bell 1471 / Home

Home address: NUMBER AND STREET; CITY OR TOWN; China — STATE

Home residence has been in above named State continuously for approximately ... years, months. ERASE ONE

If previously enrolled in University, give year of entrance

Date of Birth: May 18, 1911. — MONTH DAY YEAR
Place of Birth: Wusih — CITY OR TOWN; China — STATE

Parents or Guardian's Name and address: NAME; ADDRESS

Class (ERASE ALL BUT ONE) Freshman, Sophomore, Junior, Senior, Special.

1912 SUMMER 6
Engineering
87
$20.00

28 1912
MONTH DAY

IF ENROLLING IN UNIVERSITY FOR FIRST TIME MARK CROSS (X) IN THIS SPACE. [ ]

Ken — FIRST NAME
MIDDLE NAME
Wang — LAST NAME

733 S. Thayer St. — NUMBER AND STREET IN ANN ARBOR

Phone No. Bell / Home

Home address: 39 San Yee St., Shanghai, China — NUMBER AND STREET; CITY OR TOWN; STATE

Home residence has been in above-named state continuously for approximately ... years, months. ERASE ONE

If previously enrolled in University give year of entrance 1911

Date of birth: May 1895 — MONTH DAY YEAR
Place of birth: Wu Sih, China — CITY OR TOWN; STATE

Parent's or guardian's name and address: Way Wang — NAME; 39 San Yee St., Shanghai — ADDRESS

OVER

图 1.3.2：王赓参加密歇根大学暑期学校的记录。

国文化虽然崇尚以和为贵，提倡忍辱负重，但平等和认同有时需要针锋相对。比如冬季学期 2 月 14 日的校报上出现了一篇抗议信，题目为《中国学生对此深感不满》，指出工程系的德语教科书中有“中国人拖着猪尾巴吸着鸦片”的例句，此内容对所有中国人构成了侮辱，破坏了密歇根大学友好开放、善待外人的名声，署名是“一个中国学生”。[8] 鉴于那一年工程系的中国学生寥寥无几，王赓很可能参与其中，也许是半个作者，这个不留真名的做法也很符合他低调的作风。无论是谁提出的抗议，在美国大学这个鼓励发声的多元环

*From left to right—Back row—*1 H. Y. Tang, 2 K. Liu, 3 S. H. Waung, 4 T
11 T. Lu, 12 Y. F. J. Hsu, 13 E. S. Sy.
*Second row—*1 L. K. Kao, 2 S. H. Kee, 3 T. W. Shen, 4 I. C. Fok, 5 T,
11 S. Tang, 12 C. H. Sung, 13 C. M. Ku.
*Third row—*1 V. T. Maw, 2 C. Lau, 3 P. C. Loo, 4 P. K. Chan, 5 C. C. F
Chang, 12 H. L. Huang, 13 C. K. Tsao.
*Sitting—*1 T. F. Hwang, 2 C. Y. Sung, 3 T. Seto, 4 E. Lee Toma, 5 P. W

Michigan Chi

A. Z. Sy Cip . . . .
L. K. Kao . . . .
S. H. Kee . . . .
T. Y. Tam . . . .
Ethel Lee Toma . . . .

图 1.3.3：王赓在密歇根大学中国同学会的合影。

, 5 P. Y. Lo, 6 Y. Chen, 7 F. Yen, 8 T. S. Wei, 9 W. J. Chao, 10 C. H. Chen,
, 6 S. M. Shen, 7 K. Y. Wu, 8 P. C. Wong, 9 P. H. Chen, 10 G. S. O. Chen,
L. Kunn, 7 N. B. Tan, 8 C. T. Tan, 9 T. H. Franking, 10 K. W. An, 11 P. H.
A. Z. Sy Cip, 7 Ethel Lee Toma, 8 T. C. Chun, 9 T. F. Fead, 10 K. Wong.

Students' Club

.	.	.	.	.	.	.	.	President
.	.	.	.	.	.	.	.	Vice-President
.	.	.	.	.	.	.	.	Secretary
.	.	.	.	.	.	.	.	Treasurer
.	.	.	.	.	.	.	.	Auditor

境里，勇于抗争才会得到别人的尊重。

但无论如何改变和融入，王赓他们跟美国当地人还是有本质上的差别。美利坚自建国后政局相对稳定，在岁月静好的环境中长大的美国青年自然只需好好读书，凭兴趣参加活动，剩下的时间尽情聚会喝酒谈恋爱，是真正的"不识愁滋味"。可是远在太平洋彼岸的古老中华大地正在暗流涌动，瞬息万变。就在密歇根开学后的一周，发动武昌起义的英勇革命者涌入湖广督署，用枪声正式敲响了封建王朝的丧钟。这历史性时刻的突然到来让人难以置信——毕竟之前的十次武装反抗全部被血腥镇压，仅仅五个月前就有百余名烈士在广州饮恨而亡，其中七十二人的尸骨葬于黄花岗。辛亥革命成功后，革命领袖黄兴为他们写下了著名的挽联[9]：

七十二健儿，酣战春云湛碧血；
四百兆国子，愁看秋雨湿黄花。

革命者的百折不挠终于迎来了中华大地的旧貌换新颜：王赓离开时还是大清的臣民，需要给朝廷和天子磕头谢恩，如今一转眼就成了中华民国的主人，再不需要仰人鼻息而生存。在华夏土地上横行了千年的皇权专制体制不但被推翻，取而代之的民主共和还一口气引进了各种创新和改革，比如代议制、宪政、地方自治、开放言论、男女平等。这样一来，中国的政治制度似乎一下子超越了采取君主立宪制的英国、德国、日本、意大利等现代国家，瞬间成为在世界舞台上冉冉上升的新星。这番大刀阔斧的操作怎能不让同样是造反王权起家、挥舞民主旗帜的美国人激动？虽然中美隔着太平洋，信息不畅，但都阻挡不了美国人对亚洲首个共和国产生好感——就好像是找回了一个失散多年的兄弟。

1911年12月29日，孙中山被议会选为临时大总统，美媒的评论标题是《二十年一梦竟成真，中华民国一夜成事实！》。内容是多年前有一个名为孙文的中国人，一直幻想着有朝一日能解放自己被清政府统治的国家，周边的人都认为他是疯子，清廷还不断派人来刺杀他，但"孙疯子"从不气馁退缩，坚持为革命到处游说募款，结果多年的努力没有白费，革命成功后，他被选为中华民国第一任总统。

在拥有政治勇气这点上，孙中山的确很像华盛顿，再加上在美生活多年，很容易让美国人感到亲切。总之，美国社会对中国新政和首届总统热情高涨，在各地刮起了一股强大的"中华民国风"。

面对如此激动人心的变革，密歇根大学的中国留学生自然要在第一时间有所回应。当时的学生会主席、菲律宾出生的薛敏老在1月18日的校报上发言，指出所有在美留学生和大多数中国民众都支持这场革命，因为清政府的统治早就不得人心，而崭新的共和制才能扫除政府的腐败和无能，让中国在国际社会赢得尊重。此外，他还对参加起义的革命人士表示肯定，因为其中不乏熟悉西方、毕业于美、日、英顶尖大学的高才生，伍廷芳就是个很好的例子——他毕业于伦敦大学，有英国律师资格证，还出任过驻美公使，是被美国各界知晓的代表人物。[10]

这番讲话立刻引起了美国人热烈的附和，校报主编在几日后十分罕见地就中国革命发表长篇社论：

> 吾校虽小，却常常得以为历届毕业生的成就而骄傲。刚发生在中国的革命虽然让清朝权贵落魄潦倒，却让我们异常得意。要知道，新成立的中国政府里有一位我们的毕业生，他现在身居要职，极受器重，他的重要地位将会让密歇根大学威名远播。

编者首先来了这段毫不谦虚的美式自夸，随后话题一转，提到了王赓他们：

> 我们对中国尤为关心，不仅仅因为她所经历的变故本身让人震惊，更因为目前密歇根大学接受了全美最多的中国学生。每次与这六十多人接触，都会被他们的勤奋、友好和忠厚深深折服，他们永远是我们学校的一部分，没有人比他们更懂得密歇根的精神。我们希望他们将来回国后，带回去的不仅是最先进的机械、医学、法律、政治和社会学等专业知识，还有耳濡目染的现代社会规范，如果由此能够传播我们引以为傲的民主机制和自由风气，那我校将对人类进步做出超越想象的贡献。[11]

编者对中国学生的言辞充满感情，爱屋及乌，故而开始对中国的未来有了美好的期待。那个令作者扬扬得意，但没有指名道姓的重要人物就是王正廷。

王正廷 1907 年就读于密歇根大学本科，后转到耶鲁大学学习法律和国际公法，1911年学成归国。武昌起义后，王正廷被鄂军都督府任命为外交副司长，12月成为南方政府代表伍廷芳的参赞，1912年1月当选临时参议院浙江省代表，而这短短几个月的升迁不过是他漫长政治生涯的开端。王正廷身上闪烁着博雅教育的光芒，他兴趣多样，社交活跃，还十分热衷参与民间组织，不但创办了欧美同学会，还担任了中华基督教青年会总干事、中国红十字和全国道路协会会长。他最出名的贡献是对中国体育的推动。早在1914年，王正廷就创立了亚洲第一的远东体育协会，在1922年他成为国际奥林匹克委员，之后数次担任中华民国体育代表团领队，被称为中国奥运之父。王赓来美时正逢王正廷归国，但几年后两人将会一同前往巴黎：那时这两个既同姓又同为江浙老乡的密歇根大学校友也许会聊起母校，不论是安娜堡的秋日落叶、冬日白雪，或是棒球队与宿敌俄亥俄州之间的赛事都会让他们会心一笑。

海外留学生虽然人少势微，但也尽其所能，支持共和的成立。密歇根大学中国学生会在2月10日与美国各大学同步举办隆重典礼，欢庆中华民国的诞生。当晚演说的压轴嘉宾是校长哈里·伯恩斯·哈钦斯（Harry Burns Hutchins），而第一个上台发言的是一个叫邹邦元的女生，题目是《旧日之中国和现今之中国》（Old China and the China of Present）。那时的美国大学本就"阳盛阴衰"，中国留学生的性别比例则更加失衡——庚子官派生的前三届几乎都要成了"和尚团"——亚裔女学生就如同大熊猫般稀有。在中国同学会的照片里，四长排学生中只有三个女生，其中就有邹邦元。她微露笑容，盘着长发，身着长袖长裙，一副典型的维多利亚风格的保守装扮——即

From left to right—Back row—1 H. Y. Tang, 2 K. Lin, 3 S. H. Waang, 4 T. Y. Tam, 5 P. Y. Lo, 6 Y. Chen, 7 F. Yen, 8 T. S. Wei, 9 W. J. Chao, 10 C. H. Chen, 11 T. Lo, 12 F. J. Hsu, 13 E. S. Sy.
Second row—1 L. K. Kao, 2 S. H. Kee, 3 T. W. Shen, 4 L. C. Fok, 5 T. F. Daun, 6 S. M. Shen, 7 N. Y. Wu, 8 P. C. Wong, 9 P. H. Chen, 10 G. S. O. Chen, 11 S. Tang, 12 C. H. Sung, 13 C. M. Ku.
Third row—1 Y. T. Mao, 2 J. P. C. Loo, 3 P. K. Chan, 4 P. K. Chan, 5 C. E. Pu, 6 C. L. Kuon, 7 N. B. Tan, 8 C. T. Tan, 9 T. H. Franking, 10 K. W. Au, 11 P. H. Chang, 12 H. L. Huang, 13 C. K. Tsao.
Sitting—1 T. F. Hwang, 2 C. Y. Sung, 3 T. Seto, 4 E. Lee Toma, 5 P. Y. Tseo, 6 A. Z. Sy Cip, 7 Ethel Lee Toma, 8 T. C. Chun, 9 T. F. Frad, 10 K. Wong.

Michigan Chinese Students' Club

A. Z. Sy Cip	. . . .	President
L. K. Kao	. . . .	Vice-President
S. H. Kee	. . . .	Secretary
T. Y. Tam	. . . .	Treasurer
Ethel Lee Toma	. . . .	Auditor

图 1.3.4：密歇根大学同学会中的邹邦元。

使在 1910 年的西方，女性还是被认为最适合做贤妻良母。可这位勇敢发言的邹邦元显然并不苟同。她毕业后并没有急着相夫教子，而是去了纽约医院（Bellevue Hospital in New York）就职，成了全美首位亚裔急救医生，事迹直接登上了《纽约时报》。[12]

太平洋这头欢天喜地，另一头却是跌宕起伏，悬念丛生：民国初年有一部迟迟不肯公布结局的长篇连续剧，吊足了观者的胃口。1912 年，也就是民国元年 1 月底，没有军队也没有财力撑腰的孙中山权衡利弊后公开表示，如果手握军权的袁世凯愿意支持民主共和，自己可以将大总统之位让给他，于是双方达成协议。2 月 12 日袁世凯继任，成为中华民国临时大总统。

3 月 8 日，临时参议院通过了《中华民国临时约法》，规定国家主权正式归于全国人民，公民之间的平等，人身和财产的安全，宗教、言论、迁徙、集会等自由被明确保障，另外还对政府官员和公权作出各种限制和规定。此后的几个月里，政府又决定建立最为接近美国政体的参众两院。总之，过去的一切要从头改造，民主共和成了华夏之本，有如全新的国歌所唱：

> 卿云烂兮，纠缦缦兮。
> 日月光华，旦复旦兮，
> 日月光华，旦复旦兮。
> 时哉夫，天下非一人之天下也。

在瞬息万变的年月里，5月15日王赓迎来了他在国外的第一个生日。亲人不在身边的他是如何庆祝的？是约上几个一起就读于工程系的留学生，去中餐馆好好打一打牙祭，还是和美国学生一起喝杯酒？抑或不愿意劳师动众，独自一人煮碗面条（估计只有意大利面）纪念一下？

在海外长大了一岁的王赓，挥别了无锡的嘉乐堂，千里迢迢来到美洲中西部的安娜堡。人生刚起步的他如饥似渴地学习知识，渴望成就一番事业，而那个才刚刚问世、比他还要年轻的中华民国，也有着振兴国运的宏远目标，尽管前路漫漫，此刻王赓和华夏都对未来怀着无限的希冀和愿景，正如梁启超所说：

> 少年雄于地球，则国雄于地球。
> ……

纵有千古，横有八荒。前途似海，来日方长。

美哉我少年中国，与天不老！

壮哉我中国少年，与国无疆！

那年夏天，美洲中国留学生联盟在密歇根大学举行中西部联谊会。这个组织总共有八百多名全美各大学的成员，美国中西部地区的成员主要来自附近的芝加哥大学、伊利诺伊州立大学、普渡大学，当然还有东道主密歇根大学。那年暑假王赓留校上课，自然也不会错过这次难得的联谊会。

美国人向来热爱这种大型联谊活动，而此次联谊会又是中华民国成立后中国学生的第一次聚会，所以校方不但提供场地，校委会还通过决议拨出 100 美元（约等于现在的 2788 美元）以表薄意。比金钱更有分量的是出席会议的贵宾，此次被邀请的嘉宾有密歇根州州长蔡斯·奥斯本（Chase S. Osborne）和前校长安吉立（James Burrill Angell）。安吉立担任密歇根大学的校长达三十年之久，被视作将密歇根大学从默默无闻打造成顶级大学的头号功臣。他的座右铭是"为平凡的人提供不凡的教育"（an uncommon education for the common man）。

除了教育事业外，安吉立还出任过一年的驻华公使。他对中国的总体态度充分表露着美国当年对华政策的两面性：一方面他奉命起草了《排华法案》，一方面又与众多大学一起积极推动庚子退款的奖学计划，同时对来美的中国留学生又十分友善。

俗话说在家靠兄弟，出门靠朋友，更何况前来联谊会的都是背

图 **1.3.5**：1914 年在康奈尔大学举行的中国留学生中西部联谊会合影。

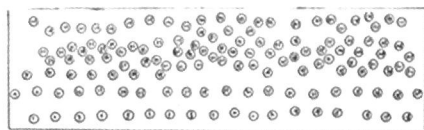

图 **1.3.6**：合影人员名单。

景相似、年龄相仿的少年，很容易就相识相知。在稀疏的记录中，有一张两年后于康奈尔中国学生联盟聚会时拍的照片，里面有王赓，一旁是宋子文，此外还有胡适，这三人将来都会发生密切交集。

这张有幸存留下来的照片寓意丰富。前排的会员握着三面旗帜，中间的三角旗上写着"中美学生同盟"，左右两边分别是美利坚合众国和中华民国的国旗，这个排列恰好象征着王赓等留学生被"夹在"两个截然不同的世界之中，一边是当时一众共和国之中，历史最悠久的美国，带给他们安稳舒适的精英生活和令人羡慕的特权和机遇，另一边是最年轻的中华民国，伴随着举步维艰的时政和贫穷落后的社会，这些反差也体现在活动的安排上：除了对国内局势的讨论外，也有大量的美式活动，比如辩论、郊游、网球、篮球、足球、集市、晚宴等。

在这两个文明的牵扯和碰撞中，留美生将如何找到最佳支点，开辟一条最能体现自我价值的路径？在这群人中，有的奋笔疾书，有的整理国故，有的传播科技，还有的献身乡村，在各种探索中，每个人都会进行一场与自己内心的对话。

到了第二年，王赓狠心抛下密歇根大学，前去投奔哥伦比亚大学。当初王赓和多数中国学生一样，在密歇根攻读的是工程学科。他那几届公派生选修的基本都是工程、土木、林业、采矿等对清朝而言比较保守的实用性专业。日后的种种迹象表明，王赓实际上对文科情有独钟。如今清政府倒台了，再没有皇权的胁迫，所以还不如趁机遵循兴趣，放飞自我。可惜密歇根着重扶持理工科，相比之下人文教育被削弱许多。比如在前校长安吉立的推动下希腊语从必修改为选修，英文古籍的阅读也被减少。相比之下，坐落在繁华大都市纽约的哥伦比亚大学在人文社会科学方面历史悠久、资历深厚，有弗朗兹·博厄斯创建并推动文化相对论的人类学系，有提倡实用主义的思想家杜威引领的哲学系，有媒体大亨普利策大力资助的新闻系和他名下的媒体奖，这些得天独厚的优势让哥大在文史哲和政社经方面傲视同行。[13]

密歇根大学和哥伦比亚大学的差别在他们向辛亥革命致敬的方式上就可见端倪。同为庆祝中华民国的成立，坐落在中西部、被农场环绕、散发着麦香的密歇根大学举办了规规矩矩的讲座，而摩登时髦的哥大则排演了一部很新颖的赈灾舞台剧。这部《从君主到共和》的演出可谓噱头十足，一上演就被《纽约时报》追踪报道。记者称当晚充满了惊喜，不光在音乐里加入了让人耳目一新的中国传统乐器，剧中还出现了大量有意思的历史人物，包括慈禧、袁世凯、孙中山，还有象征美国的山姆大叔。最让人印象深刻的一幕是末代皇帝幼儿溥仪爬下宝座，嘟嘟嘴嚷嚷道："反正我也不在乎当皇帝！"这句在现实中绝不可能出现的台词却获得了大家热烈的掌声。[14] 当晚的观众集合了纽约名流，包括当时的美国首富安德鲁·卡内基（Andrew Carnegie）的夫人。

文艺气息浓厚的哥大与中国有很深的渊源。早在 1874 年哥大就接纳了一位留美幼童，虽然这名首位中国哥大学生学到一半就因为政治原因而被迫提早回国，但后来此人投身于清末新政和立宪运动，于 1912 年 3 月出任中华民国首任国务总理并组建内阁，他就是著名的民国政治家唐绍仪。

三十多年后，随着唐绍仪的脚步前来哥伦比亚进修的还包括第二届庚子生胡适和张彭春。前者盛名在外，无需多言。后者攻读教育学，擅长话剧、诗歌和文艺批评，在多数国人还不甚清楚话剧为何物时，张彭春就已经活跃于纽约百老汇的舞台上，并将《花木兰》成功搬上西方舞台，因而获得中国话剧之父的名称，大名鼎鼎的曹禺就是他的得意弟子。回国后张彭春与胡适、徐志摩、梁实秋、陈西滢等人在 1923 年开办了轰动一时的新月社。据说"新月"两个字就是来自他的灵感，后来他还陪同梅兰芳出国演出，推动京剧在海外发扬光大。1947 年，张彭春被推选为联合国人权委员会副主席。由他负责修订的《世界人权宣言》在他的努力协商下获高票通过，成为一座耀眼的里程碑。在起草过程中，张彭春坚持用儒家思想来完善西方的人权理念，同时又通过个人手段帮助消除矛盾、寻求共识。他的人格魅力和领导才能多多少少可以归功于当年在哥伦比亚大学的丰富求学经历，包括来自导师杜威实用主义的影响。

　　物以类聚，诸多民国的风流人物在哥大留下或深或浅的足迹，除了前面提到的内阁总理唐绍仪、胡适和张彭春，还有张彭春之兄、创办南开中学和大学的张伯苓，撰写畅销英语教科书的邝富灼，北大校长蒋梦麟，作家许地山，诗人徐志摩，史学家蒋廷黻，哲学家冯友兰，民主人士罗隆基，等等。

　　虽然这些哥大弟子个个无比出色，但对美国人而言，若是拿他们和那位王赓入校前刚离开、年仅二十四岁的国际法博士相比，恐怕还是相形见绌。这个人就是日后享誉海外的外交家顾维钧。顾维钧毕业时，为他举办的场面宏大的道别会登上了哥大学生周报《每日观察家》（*Columbia Daily Spectator*）的首页。[15] 作为哥大的传奇，顾维钧满足了美国人对神话少年的全部幻想。首先，他年纪轻轻就晋升法学博士，这实属非常了不起，但更让美国人赞叹的是顾维钧的全面和多样。顾维钧曾随划艇队出征比赛，参加过话剧社的演出，在大四那年成为《学生周报》的主编，同时他还屡次代表哥大参加辩论赛，创造了全胜的纪录——而这个傲人成绩还建立在他的母语是中文，十六岁才来美国的前提下。据说他的英语发音非常纯正，根本听不出是外国人，每每让接触他的美国人啧啧称奇。可这些爱好居然还不够顾维钧忙的，他还热衷于参加各种社团组织，除担任学生会委员外，他还加入了德国联盟（Deutscher Verein）、法国协会（La Society Française）、表演社（Soph Show Cast）、皇冠团（King's Crown）、蓝笔社（The Blue Pencil）、理事会（the Senior Society of Nacoms）、荣誉会（Delta Sigma Rho）等。这串长长的名单让人惊叹他在上课之余竟能挤出这么多时间来。如此开放的性格和多元的发展非常符合美国人的理想，让他们见识到了一个外国人何以比本国人更优秀。日后顾维钧选择了适合自己特长的外交舞台，并大放异彩，这与他在哥大练就的各项能力和广阔视野是无法分开的。

欢送顾维钧的晚会极为隆重，协会代表、校方人员、新朋旧友齐聚一堂，一起为这个耀眼的明星送上祝福。面对这些朝夕相处的老师和同学，回首共同度过的美好年华，此刻顾维钧的眼眶是否有些湿润？过去他无数次站在辩论席前，用非凡的口才和冷静的逻辑战胜辩论对手，而今夜他被包围在温情中，只有无数双喜爱和支持的眼睛，让他不免真情流露。他说自己非常庆幸能回去为刚刚建立的中华民国尽微薄之力 [16]，却不得不与哥大别离。他从到达美国的第一天起就选择前来哥伦比亚大学，在这里度过整整七个春夏秋冬，所遇到的每个人都对他礼遇有加，是哥伦比亚教会了他什么是平等和友善，让他从未后悔当初的决定。虽然与校友们即将相隔万里，但他欢迎所有人将来去中国做客，他会以最隆重的方式接待贵宾。

在英文里有一个对母校非常特殊的称号，一个来自拉丁文的词 Alma Mater，字面的意思是一位润物无声的慈母，用来比喻一所学校对学生的培养和眷顾再贴切不过。毫无疑问，哥伦比亚大学对顾维钧而言就是名副其实的 Alma Mater。而这份感情也是双向的，哥大也一直以顾维钧为傲，尤其是在不久的未来，他将代表中国出席著名的巴黎和会，以全场最小的三十一岁之龄在众多饱经世事的外国官员面前侃侃而谈。如果哥大真的像一位母亲能开口，一定会说："看，我钟爱的孩子是多么卓越！"

可是，让顾维钧和胡适充满了归属感的哥大却没能拴住王赓的心，在那里读完大二后他又一次有了更换学校的想法。而这次他终于找到了自己的 Alma Mater——建于 1746 年的普林斯顿大学。

王赓的这个决定极可能出自对国内时局的反思。

1912 年，全国各地根据宪法展开参众两院的竞选，虽然过程中出现了攻讦、武力挟持和贿选等情况，但最终国民党获得多数票成为执政党。可到了次年 3 月 20 日，国民党的核心人物代理理事长宋教仁在上海遇刺，所有证据都指向袁世凯。

孙中山为此发动二次革命，但在 7 月失败了。

10 月 10 日，袁世凯耀武扬威地就任中华民国第一任大总统。

在这"武力战胜民意"的背后，竟也有哥大人的参与。就在顾维钧回国那年的 4 月，哥大的中国学生会为法律系的知名教授弗兰克·古德诺（Prof. Goodnow）饯行，后者刚刚被袁世凯特聘为宪法顾问，即将启程赴华，古德诺向欢送者保证会竭力为中国打造一个稳固的宪法根基。

在古德诺的推动下，美国首先承认了被袁世凯操控的中华民国。到了 1914 年 1 月，袁世凯解散国会，随后颁布了有"袁记约法"之称的《中华民国约法》来取代孙中山当年的《临时约法》，不少人将这项新法称为"古德诺宪法"。原因是在袁世凯身边的古德诺在经过一番深思熟虑后认为民主不适合中国，并撰文为袁世凯称帝提供了理论根据[17]。但也不是所有人都对这位教授的说法服气，还在康奈尔大学读本科的胡适就对此发表了反对意见："要想得到民主，那就要实践民主，政治是一种能力，所以需要练习，就比如我若从不说英语那就永远不会说。"古德诺返美后被聘为约翰斯·霍普金斯大学（Johns Hopkins）的校长，但是他对民主共和的背叛成为其一生抹不去的污点，受到美国知识界长期的质疑和嘲讽。

亚洲的民主共和国才刚诞生就风雨飘摇，而北美的美利坚合众国在风雨中已屹立了一个多世纪。在祖父进入哥大的那年秋天，恰逢每四年一度的美国总统大选。当时的候选人中有当年启动庚子退款、卸任后再次出山的共和党前总统西奥多·罗斯福，有拥有博士学位、担任过普林斯顿校长和新泽西州州长的民主党候选人伍德罗·威尔逊（Woodrow Wilson）。表面上来看这两位主要候选人实在有着天壤之别。老罗斯福体格健壮，打过仗，写过书，自学上了哈佛，强烈反对强权和官僚，喜欢以桀骜不逊的西部牛仔姿态示人，仿佛可以随手掏出手枪，剽悍威武地击中飞禽走兽。这位生龙活虎的政治家在 1900 年出任副总统时仅四十二岁，后来总统麦金莱（McKinley）被暗杀，老罗斯福便接任了总统一职，至今依旧是美国历史上最年轻的总统。老罗斯福在任满两届后，和继任的下一届共和党总统威廉·塔夫脱（William Howard Taft）闹翻，于是又跳出来参选，单独成立一个名为"公麋党"（国家进步党）的第三党，风头不减当年。在大选的前两周，他在竞选活动中被一枪击中，子弹直接穿透了他衣服里的眼镜盒与演讲稿。见过大阵仗的老罗斯福临危不乱，根据以往狩猎的经验判断自己并无大碍，于是执意要完成演讲再去就医，还制止众人对擒获的刺客施暴。他幽默地告诉他的支持者，虽然自己刚刚被打了一枪，但他这个"公麋"可没那么容易就不行了。

而他的对手威尔逊则身体孱弱，气质上带有几分疏离感。威尔逊是美国政界少见的高学历知识分子，不但拥有博士学位，还担任过大学教授和校长。受到牧师父亲的影响，他自小就建立起深厚的基督教信仰，所以他的气质带有浓厚的书卷气和清教徒的冷峻。

虽然老罗斯福和威尔逊在形象上有如张飞和诸葛亮，但在理念上都属于"进步主义"，认为政府应该监督资本，保护人民的利益，而不是放任"自由市场"来强取豪夺。在对外事务上两人也都主张积极参与国际事务，发挥美国的领导作用，而不是转向孤立主义，遇国际纠纷避而远之。

除了以上两名候选人外，参与这届选举的还有美国历史上最出名的工会领袖尤金·德布斯（Eugene Debs），他呼吁废除资本主义，建立社会主义，竟然在没有传统大党的支持下也得到 6% 的选票。在这个缤纷多彩的多人拉锯战中，因为共和党的票源被老罗斯福和威廉·塔夫脱瓜分，所以民主党候选人威尔逊最终胜出。

这次热闹非凡的选举给王赓留下深刻的印象。虽然过程中也充斥着各种纠纷和事件，但总体而言这场总统选举还是有一定的规章制度可循的。相比之下，刚刚在中国起步的宪政却是一派乱象。袁世凯通过阴谋上台后，在未获得参议院同意的情况下，向英、法、德、俄、日、美六国协议贷款，最终签署了臭名昭著的"善后大借款"，金额高达 2500 万英镑，分四十七年偿还。协议将盐税、海关税作为抵押，并将盐务授权外国。尽管这一举措遭到社会各界的强烈反对，但袁世凯依然一意孤行，赤裸裸地展示了什么是"暴力战胜法律"。相比之下，威尔逊的和平上任代表了理性的胜利，这种将知识转化为公权的模式与中国传统的"学而优则仕"非常相似，唯一不同的是，在古代士大夫无法摆脱君王附属品的身份，因此只有出将入相这一条路，但在民主共和的体制下，知识界拥有自己的尊严和独立，得以直接为公民大众服务。王赓非常欣赏威尔逊，因而一年后他抛下哥大，前往培育总统威尔逊的普林斯顿一探究竟。

这一次他终于找到了心中所属的母校，这份喜爱也是相互的，因为普林斯顿对他同样珍惜，在往后的日子里永远都第一时间站出来，做他最坚固的后盾。

第四章　鲜衣怒马

——知识与责任，光荣与梦想

　　位于新泽西州、占地面积庞大的普林斯顿大学创建于 1746 年，当时美国的领土只有靠近东海岸的十三个殖民州。普林斯顿最早的教学楼拿莎堂（Nassau Hall）为当时全美最大的高层建筑，还曾在 1783 年被征用为临时国会大楼。悠久的历史和资深的背景让普林斯顿与哈佛、耶鲁齐名。这三所"常春藤校"给人高高在上的感觉，因为学生多数都来自英裔新教徒的精英家庭，也就是所谓的 WASP（White Anglo-Saxon Protestant）——美国上层社会的主流。与王赓同年入校的就有日后在美国文学史上大名鼎鼎的菲茨杰拉德。他在《了不起的盖茨比》中对新英格兰富丽堂皇的描写就取自身边普林斯顿的 WASP 子弟。

　　普林斯顿的特殊历史背景就注定了它的守旧风气和排外倾向。

王赓最早就读的密歇根大学在 1853 年就录取了第一名非裔医学生，在 1870 年开始男女同校，到了王赓那年还接受了中国女学生。王赓去的第二所学校哥伦比亚大学在 1889 年建立了女子学院，开启了混合教育之路，在 1912 年授予了第一个非裔医学学位。到了 1925 年，人类学教授弗朗兹·博厄斯收下第一位非裔女研究生佐拉·尼尔·赫斯顿。哥大的开放与纽约本身分不开关系，后者一向是滋养前卫和多样元素的沃土。比如胡适的女友韦莲司，就是一名混迹纽约抽象画界的女艺术家。韦莲司剪了短发，晒黑皮肤，一人独居，就算在 20 世纪初的美国，这样的女性也只有在纽约才能找到生存空间。再比如哥大的中国学生为唐人街的华工开办了一所临时学校，提供英语、数学和中文方面的基础课，这种和劳动阶级打成一片的做法也只有在大都市才有可能。

相比之下，普林斯顿的保守造成了它的"少而精"。比如王赓所在的 1915 届一共只招收了四百多人，而同时期的公立密歇根大学则录取了四千多人。因为班级规模小，普林斯顿得以采纳牛津剑桥式的"辅导制度"（preceptorial system）。这个教学模式要求学生独立自学，然后在老师的带领下进行讨论。规模小的另一个好处就是关系密切，比如像学生自行管理的克里奥社（Cliosophic Society）和辉格社（Whig Society），这两个组织分别创立于 1769 年和 1770 年，是美国最古老的民间协会。虽然它们的主题是辩论和演讲，但运行起来却如同独立的王国，会员拥有自己的会馆、图书室和娱乐厅，还因一度将信息保密而遭到校方质疑。这种兄弟会般的组织在古希腊盛行，后来延续到剑桥牛津，最后在美国的私立常春藤大学落地。王赓在普林斯顿的第一学期就加入了克里奥社，从此不再是一个孤独个体而是强大集团的一员。

在普林斯顿这样的贵族学校里，外国学生是罕见的。包括王赓在内新入学的四名本科生让中国学生的总数激增到了七名。虽只有区区七人，也不妨碍他们联合起来组成中国学生会，与王赓一同从密歇根转学过来的黄汉梁担任秘书[18]，另一位程万里负责财务。在这个"粥多僧少"的情况下，如果王赓愿意，应该也很容易搞个一官半职，他却依然与领导职位保持距离。

他们的主席是第一届庚子赔款考试排名第二的邝煦堃。他于1910年入学普林斯顿，是当时的第一个中国学生。虽然周围全都是高鼻子、深眼窝的白种人，但邝煦堃只用了一年时间就成功当上《普林斯顿人日报》的编辑，并兼任北美中国学生报刊《中国留美学生月刊》（*Chinese Students' Monthly*）的主编，最后当选中国留学生联盟的主席（President of the Chinese Students' Alliance）。毕业后邝煦堃又前往以新闻专业见长的哥伦比亚大学读研究生，1916年回国后，他成为《京报》编辑和《纽约晚报》的北京评论员；翌年在清华大学教授英语和国际法。1922年出任陇海铁路管理局局长、外交部情报处处长等，1930年出任菲律宾大使。

这张照片是邝煦堃与校刊编辑的合影，让人得以一窥这个组织的样貌。只见这几个新闻好手个个雍容大度，相貌上虽有些稚嫩却又气场强大。正中间的男子坐在一张精雕细刻、犹如宝座的椅子上，仿佛一个若有所思的王子。他们每个人都用发胶把头发梳往脑后或两边，领子上打着领结或领带，身上穿着价值不菲的西装礼服，一

图 1.4.1：邝煦堃与校刊编辑的合影。

副"同学少年多不贱"的画面。据说当年普林斯顿学生的打扮非常
时髦，被视为校园男学生穿搭的标杆，他们的独特穿衣风格还衍生
出一个专用名词——"预备风"（preppy），因为他们中的很多人来自
私立预备高中（preparatory school）。

与此相呼应的是普林斯顿档案中"餐饮俱乐部"的合照，里面
留下了王赓的身影。他坐在右侧下方，戴着标志性的眼镜，头发梳
向两边，左边坐的是另一个中国学生程万里，这两个黄种人安然自
得地坐在一群白人当中，没有任何不安或违和。虽然这些餐饮俱乐
部的高年级会员不如校刊编辑穿着那么华丽讲究，但也由内而外透
露着自信和从容。

图 1.4.2：普林斯顿大学"餐饮俱乐部"合影。

如照片中所展示的，王赓这个亚洲人，除了外貌上的差别外，完全融入他的那些 WASP 同学当中。那些与他朝夕相处的普林斯顿学生究竟是一群怎样的人？他们又是如何在校园里度过这珍贵的四年校园时光？有一份当年应届毕业生的问卷，可以提供很多线索。[19]

1915 届的学生认为大学四年里的最后一年最轻松，在所有科目里物理、经济、法律这三门最难；最喜爱读的作家是狄更斯、史蒂文森[20]、司各特[21]、吉卜林；最喜欢的剧作家当然是莎士比亚；除了本校外，最棒的男子大学是耶鲁大学；最好的女子大学是瓦萨学院。最欣赏的历史人物是林肯、拿破仑、华盛顿。最喜爱的运动是当时才发明了四十年的网球。最喜欢观看的运动是美式橄榄球。最喜爱的男演员是卓别林，最喜爱的女演员是埃尔茜·弗格森（Elsie Ferguson）[22]。最爱做的事依次为看话剧、看电影、拌嘴、看书和学习。

在个人生活方面，他们当中有 63% 的人吸烟。尽管有 52% 的人参加过学校的舞会，但 18% 的人从来不跳舞，还有 6% 的人一边跳舞一边认为这项活动不道德。他们当中有 51% 的人喝酒，并有 54% 的人觉得酒精无损道德[23]。这届学生最喜欢的女孩名字分别为海伦、伊丽莎白、玛格丽特。在最喜欢的长相上，32% 人选金发，68% 选棕发；最喜欢的眼睛颜色排名分别为蓝色、咖啡色、黑色和灰色。有 12% 的人从来没有跟女孩接过吻，据那些当事人坦白，这种"可悲的状态"出自以下几个原因：对方脸不够好看，自己不够有钱，合适的对象还没有出现故无此念想，出于卫生方面的考虑，处在默默观察、静静等待的状态中不可自拔。调查还发现，多数人都在与异性通信，其中 25% 与 4 个以上，3% 与 10 个以上，最高的纪录则是同时与 18 个女孩子鸿雁往来！最后，三分之一的人曾因为各种原因被学校记过，最高纪录是记过 21 次。从这份问卷的发表可以看出，美国大学生活充满着好玩和有趣的地方，男女之间的关系也是落落大方，轻松又自然。

不知王赓是否也喝过酒、抽过烟、跳过舞、和长得好看的女孩亲吻过？毕竟这个开放自由的两性世界跟他所知晓的传统中国家庭太不一样了。从小到大，他从来没看到父母有过肢体触碰，更不要说拥抱和接吻这种亲密行为了，男孩子和女孩子更是被分别对待，他的姐姐和妹妹被教导要文静端庄，不要乱跑，更不能随便出门，而他作为男孩子则必须努力读书。尽管如此，这层层的束缚下并不全是压迫和愚昧，他能感受到父母之间细水长流、含情脉脉的相互扶持，也能够体会对女孩子严加保护背后的良苦用心，再加上他是官派生，所以在1915届学生里基本属于洁身自好、从不越矩的那类人。但至少在有一点上他远远超过平均值，那就是对莎士比亚的热爱，这位16世纪的英国大文豪在20世纪初依然风靡全球，成了1915届学生最受欢迎剧作家。虽然人人都爱莎士比亚，但只有王赓被朋友们赠予"老莎/莎士比亚"的外号，可见他的迷恋连美国人都自叹不如。

总之，王赓跟这群保守又调皮的大学生们在普林斯顿这座象牙塔内一起磨炼与成长，除了平日里"谈笑有鸿儒，往来无白丁"的诗意生活外，他还经历了一个难忘的高光时刻，就是随代表团前去参加基督教海外学生的志愿者大会。这个活动中有一位明星，就是当时的国务卿威廉·詹宁斯·布赖恩（William Jennings Bryan）。布赖恩是大家争先恐后要一睹风采的热门公众人物，而王赓和其他成员通过这次机会轻而易举地和他一起共进午餐并当面交流。

如果光看到这些大学生平日里养尊处优，时而穿梭于权贵之间，时而流连于电影院和网球场，便断定他们漠然无视人间疾苦，那也有所偏差。普林斯顿人偏偏要用事实证明，美好舒适的环境照样可以培养出英雄豪杰，而并非如古人所说的"天将降大任于是人也，必先苦其心志，劳其筋骨，饿其体肤，空乏其身"。

考验他们存在价值的事件发生在1914年。那年夏天，远在几千里之外的巴尔干半岛上骤然间黑云压城，狂风将至。

图 **1.4.3**：威廉·詹宁斯·布赖恩（William Jennings Bryan）。

那年的 6 月 28 日，两颗子弹在萨拉热窝射出，一颗击中一名男子的脖子，还有一颗穿透旁边女子的腹部。被害的男子是弗朗茨·约瑟夫一世的侄子——奥地利皇储弗朗茨·斐迪南大公，女子是他的爱妻——霍恩贝格女公爵苏菲。凶手只有二十五岁，目的是推动塞尔维亚的民族独立。这两枚普通的子弹瞬间将欧洲各国艰难维持的和平局面摧毁：各方阵营早已是盘根错节，牵一发而动全身，于是规模庞大的多边战争被全面点燃。

按理说美国与英国属于"同根生"，但作为一个接受各地移民的联邦共和体，有必要保持一定的独立性，更何况脱离了英国的统治后，不少美国人渴望与那些腐败好战的旧势力划清界限。这些因素

图 1.4.4：约翰·希本肖像。

形成了一套对欧洲事务避而远之的思想，被称为门罗主义（Monroe Doctrine）。早期的威尔逊总统就是门罗主义的追随者，尽管他坚信美国领先世界，但不应干涉别国内政，损害他人主权。在他的领导下，美国政府在欧洲开战后第一时间表示中立。

1914 年秋季学期的普林斯顿一切如旧，可表面的平静难以掩饰空气中的凝重和紧张。在开学的第一天，著名的马奎礼堂（Marquand Chapel） 挤满了前来报到的新生。他们的目光全都投向讲台上一位体态清瘦的老者，那人戴着眼镜，仪态儒雅却面带倦容——他就是刚上任两年的普林斯顿校长，著名的哲学家、教育家兼神职人员约翰·希本（John Hibben）。希本与刚离去的前任校长威尔逊一样，信奉博雅教育，注重人文传统，支持思想自由，包容个别异端学者。此时他刚刚从欧洲前线访查归来，为自己的所见所闻发表演说 [24]：

今年（1914）是普林斯顿建校后的第 169 个年头，可此时此刻面对的却是一个巨大反差：在美利坚的领土上我们平安无事，岁月静好，可大西洋对岸已找不出一张不被打扰的书桌。现代文明带来的毁灭力超出了所有人的想象，一场全面战争将欧洲大陆化作一部彻彻底底的古希腊悲剧，芸芸众生中只有我们幸运地逃过此劫。作为民主共和国的公民，作为志向宏远的年轻人，我们何以自处？是对别人的厄运无动于衷？还是庆幸自己的运气和优越？就算我们脚下的土地安然无恙，可我们又怎能无视远方的苦难？事实上，这场相隔万里的浩劫将会彻底改变我们所有人。今年暑假我在路过瑞士（"一战"中的中立国家）途中遇到一名游客，他对我说："只要所发生的一切不波及我，我就可以对什么都漠不关心。"这个态度不禁让我心寒，如果有人像他这样自私，那这个人还不如自生自灭，从人类的社会里消失。在普林斯顿，我们心怀敬畏，绝不敢只考虑自己利益而对世界的劫难置若罔闻。对这场空前的危机我们需要有深刻的了解，然后我们将证明，作为一个受基督教熏陶的年轻民族，我们勇于承担命运赋予的使命，并以卓越的意志和不懈的坚守，在历史上写下全新的篇章。

希本的这番话可谓传承薪火，不负先贤。早在 1902 年，前任校长威尔逊就发表了《为国效命的普林斯顿》的演说，他鼓励学生关心世界局势，促进民族团结，维护人与人的纽带……让知识为真理服务。在威尔逊和希本等人的推动下，普林斯顿的学生虽然生长在发达的美国，终日穿着高贵的礼服，平日里没少看电影谈恋爱，但口口相传的格言是"为国家服务，为人类献身"（In the Nation's Service and the Service of Humanity）。这种追求对普通人而言可能显得虚无缥缈，却为大学教育的知识传播带来更高的立意，让王赓和众多普林斯顿师生深以为然。

在校训思想的驱使下，虽然政府表示中立，但不少人对"一战"战事非常关心，不断有师生自行加入盟军的队伍，也有人报名前往法国当救护车司机。学校和市政也建立了本地的红十字支部。留下的书生也"位卑未敢忘忧国"，有关战局的讲座和活动络绎不绝。比如在11月，普林斯顿的克里奥社和辉格社就组织了一场模拟英国国会的辩论，题目是如何胁迫德国作出各种妥协。当美国人将目光聚焦在欧洲主战场时，中国学生却永远第一时间关注着远东事态。尽管北洋政府在开战后第一时间宣布中立，但觊觎中国多年的日本趁着德国忙着同法俄开战，派海军在8月底迅速驶往山东，在光天化日下攻占了青岛和德国已主动归还的胶州湾。

这种视国际法为无物，公然侵略的行径让人无可忍受，谁知到了第二年（1915年）1月，日本更加得寸进尺，提出无耻的"二十一条"，强迫中国接受日本在华的进一步扩张。面对实力雄厚的日本帝国，北洋政府一方面采取拖延之术，一方面争取国际舆论的支持，以求将损失降低到最小。但弱国无外交，在接到日本的军事通牒后，袁世凯最终在5月9日签署了在"二十一条"基础上妥协而出的《中日民四条约》，消息一出，举国哗然，国耻日从此诞生。欺软怕硬的日本一方面在东亚胆大妄为，一方面又忌惮西方社会的舆论。在占领山东后，一名日本学者来到普林斯顿造势，宣称日本在各类纠纷中一贯被动，此次进入中国完全是出于之前的承诺，目的是"铲除德意志帝国的邪恶势力"。但日方拥护中国完整和亚洲和平的本意不变，此外再无他心。尤为重要的是，日本永远都视美国为最好的朋友，绝不动摇。[25]

这些巧言令色的说辞完全是谎话连篇，"二十一条"的出台就是最好的证明。

时间推进到了1915年的毕业季，一向顺风顺水的美国遭遇了自己的伤痛：德军在5月7日击沉了从纽约出发的邮轮"卢西塔尼亚"号，导致船上的198名美国平民遇难。这些无辜的生命让官方的中立立场开始动摇，也让主战派迎来了民意上的回转。面对一个充满血腥和暴力的世界，不少人站出来勇敢地为正义和公理振臂高呼，普林斯顿留学生黄汉梁就是其中之一。他与王赓同为第三届的清华官费生，同样最早落脚于密歇根。第二年王赓前往哥大，黄汉梁则留下，到了大三，两人又分别转到了普林斯顿，成为那年破纪录的七个中国学生中的两名。再度相聚的王赓和黄汉梁在大四时成了室友。他们虽同住一个屋檐下，却又"各为其主"：王赓选择了克里奥社，黄汉梁则加入了辉格社。

5月11日，辉格社为自己的十七名毕业生举行内部的毕业仪式。[26]作为社员独有的福利，他们获得了由威尔逊总统亲笔签名的证书——因为威尔逊当年也是辉格社的骨干。黄汉梁虽是辉格社中唯一的中国人，却成功被选为毕业典礼上致辞的代表。他抓住这个机会强烈抨击日本，指出自1894年以来，日本假借"帮助邻国"之名疯狂地侵害中国，这种赤裸裸的帝国主义暴行与德国强行攻占比利时无异，如今日方又提出"二十一条"，简直比当年奥匈帝国给塞尔维亚的最后通牒还要过分。他用这些贴切的比喻把日本和同盟国画上等号，争取美国对中国的同情和理解。

反正不管台下听众作何感想，黄汉梁如愿以偿，大抒胸中的怨气——在这个西方世界的重要机构，他不允许大众的焦点只放在欧洲而忽略亚洲。黄汉梁毕业后前往哥大攻读经济学博士，论文为《中国土地税》，导师是活跃在纽约进步界的经济学家塞利格曼（Edwin Seligamn）。毕业后，他出任和丰银行香港分行行长、铁道部顾问常务次长、招商局委员会委员、英国庚子赔款委员会委员等职务，在1932年还曾短暂代理财政部部长。

他毕业那日，历史政治学系的系主任麦克尔罗伊（McElroy）亲自感谢他慷慨激昂的演说，并向所有毕业生表示祝贺。这位横跨政学两界的风云人物次年横渡大洋，进驻清华，成为有史以来首位在中国进行交换访问的美国教授。王赓与室友黄汉梁一样，都是历史和政治学专业，作为麦克尔罗伊的"徒弟"他们肯定详细地对老师介绍了中国的风土人情和清华学堂的具体情况，因此也对麦克尔罗伊赴华之旅有所推动。[27]

6月15日举行的是普林斯顿历史上的第168届全校毕业典礼，天上虽飘起了细雨，却丝毫不影响在场之人的喜悦之情。[28]那个清晨，总共有277人获得学位证书，其中223名都是文科，可见人文学科的显赫。除了结业的年轻人，还有获赠荣誉学位的老者，比如五十七岁的巴拿马运河的负责人乔治·戈索尔斯（George Goethals）

图 1.4.5：麦克尔罗伊（McElroy）。

和七十岁的发明家爱迪生。现场的盛况被《纽约时报》用很大篇幅报道，并刊登了所有毕业生的名字。

虽然那一刻没有亲朋好友到场而略显寂寞，但王赓也有足够的理由感到满足：少年的他背井离乡，漂洋过海，却凭借自己的努力，获得了美国顶尖学府的认可，这座里程碑无论如何都是名副其实值得骄傲的。但片刻辉煌过后，人生的下一站又将在何方？

第五章　西点之歌

——文武双全，再创辉煌

在接触了三所截然不同的高等学府和经历了四年的海外生活后，王赓终于为如何"少年强则国强"的题目找到了自己的答案：尽管他热爱语言和文学，曾一度幻想成为作家，尽管他在大三时被列为优等生，计划以后去哈佛读研，但一切都在毕业前骤然改变，因为他从教育部得知，著名的西点军校有一个特殊政策：每年开放两个名额给中国学生。面对如此难得的机会，才刚满二十岁的他决定投笔从戎，打破家中三代出任文官的传统，选择在兵荒马乱的年代成为一名叱咤战场的军人。

他写给西点校方询问此事的信函成为他最早留下的文字。

这个重大决定显然与时代的背景息息相关。虽然在 20 世纪初，人类发展进入了所谓的现代化阶段，但文明依然笼罩在武力的阴影

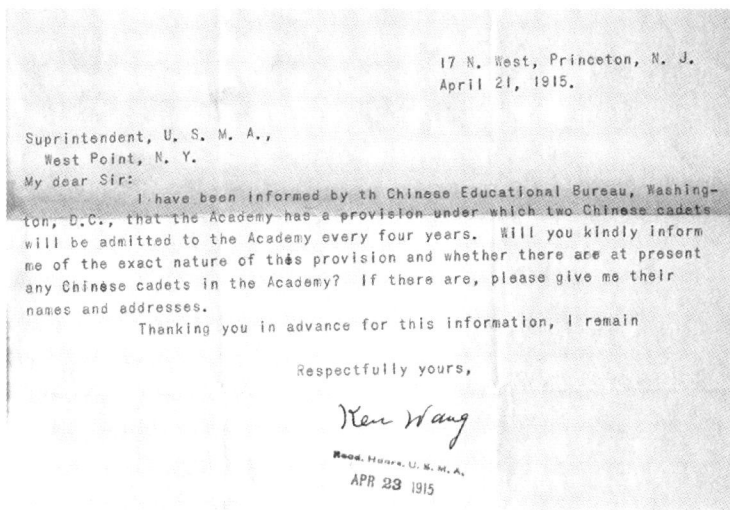

17 N. West, Princeton, N. J.
April 21, 1915.

Suprintendent, U. S. M. A.,
West Point, N. Y.
My dear Sir:
I have been informed by th Chinese Educational Bureau, Washington, D.C., that the Academy has a provision under which two Chinese cadets will be admitted to the Academy every four years. Will you kindly inform me of the exact nature of this provision and whether there are at present any Chinese cadets in the Academy? If there are, please give me their names and addresses.
Thanking you in advance for this information, I remain

Respectfully yours,

Ken Wang

Recd. Hears. U. S. M. A.
APR 23 1915

图 1.5.1：王赓写给西点军校的信。

下。在列强争霸的欧洲，长期的军备竞赛引爆了史无前例的世界大战，最终导致四千万人丧生；而在"三千年未有之变局"的中国，民主共和在妥协和实验中蹒跚而行，革命的硕果却不断被军事强人摧毁。放眼全球，武装力量显然是强国或者毁国最直接的决定因素，如何让军事服从法律、维护正义、保护民众，而非为所欲为、颠覆社会、服务暴政，是每个国家面临的挑战，军阀统治笼罩下的中华民国尤甚。

美国随着科技的快速发展，具有专业知识和背景的军事人才变得不可或缺，于是在限制和发展武力两股力量的博弈中，美国军事学校应运而生。这所简称为西点的军校在管理上完全独立，不受命于政党或元首。为了保障招生上的平等和公平，学员不但无须交学费还能领取薪水。应届生在开战期间为国效力，平时则是一个自食其力的公民，因此西点不但涌现了众多军事家，还培养了大批优秀的政府官员、商业家和科学家。

西点军校位于纽约州的哈德逊河西岸，占地16000英亩（约6500公顷），校址的前身原是独立战争中最重要的军事堡垒，战后在1802年被杰弗逊总统正式命名为"美国军事学院"（USMA，United States Military Academy），校训为"职责、荣誉、国家"（Duty，Honor，Country）。在往后两百多年的岁月中，西点陪伴着美国一路从一个新兴国家走向世界强国。历届毕业生中有南北内战的南方主帅罗伯特·李（Robert Lee），"一战"统帅约翰·潘兴（John J. Pershing），太平洋战争的主帅之一道格拉斯·麦克阿瑟（Douglas MacArthur），还有第三十四任美国总统艾森豪威尔（Dwight Eisenhower）。艾森豪威尔于1915年毕业，与1915年入校的王赓差了几个月而失之交臂。二十七年后王赓启程前往美国，本打算向彼时已成为"二战"同盟国欧洲远征军总司令的校友寻求对华援助，可惜再次错过。

中国学生走入西点的契机可以一直追溯到1879年。那一年，两位风云人物在清朝的古都交会。其中一个就是在清末一度位高权重的五十六岁北洋大臣李鸿章，另外一个是出任过第十八任美国总统的尤利西斯·格兰特，头像至今还被印在美国的50元纸币上。

格兰特在南北战争中以非凡的军事才能统一全国，战后他在治理国家上成绩不佳，但他能为刚解放的黑奴争取权益，还选拔非裔和犹太裔参加政府工作。或许因为这种包容和博爱的品质，五十七

图 1.5.2：50 美元上的尤利西斯·格兰特。

岁的他选择在卸任总统后环游世界，并与李鸿章一见如故，拍下了这张历史性的照片。两人虽然来自完全不同的世界，却依然能穿越文明的鸿沟而惺惺相惜。

当时洋务运动方兴未艾，第一批"师夷长技"的幼童已经被派往美国，两国关系正处在蜜月期，可李鸿章仍不满足，酒过三巡，他笑盈盈地问格兰特为什么美国政府一边大力鼓吹交流，一边却不同意中国人进著名的西点军校。精明透顶的中堂大人可不在乎什么莎士比亚、希腊民主或基督教博爱，他的眼里只有可以马上帮助中国抵抗列强的军事科技[29]，这回他还真是问对人了，因为格兰特自己就是西点的学生。当年他一战成名，打败的对手南方总司令罗伯特·李也是同门校友。李鸿章看准这一点，极力想托关系把自己的人塞入格兰特的母校。可尽管格兰特与这位大清第一权臣非常投缘，但作为一个已经卸任的总统，他没有权力做这个主。之后中美关系又因《排华法案》极速降温，但两人的友谊没有受到政治的影

图 1.5.3：格兰特与李鸿章的合影。

响。1885 年格兰特病逝，李鸿章通过驻美使馆为格兰特的陵园捐款。1896 年李鸿章访美，百忙中不忘亲自前往凭吊格兰特在哈德逊河畔的墓地，为挚友献上一个月桂花圈。格兰特的遗孀感念这份情谊，将丈夫生前心爱的手杖回赠示谢。[30]

　　中美关系在庚子退款后终于开始回暖，1905 年，美国国会就对外国学生入读西点一事进行讨论：反对的一方坚决不同意让外国人混入核心国防机构，掌握美国最高端的军事知识，而赞成的一方则认为此举可以更好地向世界传递友好和开放的信号，展现美国应有的气度和格局。结果后者获胜，于是国会同意允许四名外国人进入西

图 1.5.4：1896 年 8 月 30 日，李鸿章访问美国时特地祭拜格兰特之墓。

点。新法刚通过，就有两名中国学生从弗吉尼亚军事学院转来西点，其中包括中国留学生里的西点第一人温应星，他入校的消息还登上了《纽约时报》[31]。

在 1911 年，美国国会再次同意中国政府再次派送两名优等生。[32] 王赓就是搭上了这辆便车，提出前往西点的申请，北洋政府为了他专门致电美国陆军部。相关材料被尽数收入外交档案，其中有一份文件显示他顶替了原定的人选，还有一份是家世履历，最让人感动的是普林斯顿校长为他写的推荐信。事实上，申请西点对美国人也非易事，不但各州名额有限，还需要有参众议员的举荐，颇有过去考功名的味道。作为一个外国人，王赓要有人担保他资质和人品，这时候希本校长第一时间站出来，给予他最大的肯定。这份推荐信虽短却很有力量：

致中国大使

尊敬的先生，

我非常荣幸能向您保荐本届毕业生王赓先生。他在校期间一直在学业上名列前茅，获得二等嘉奖的荣誉，在自身操守和行为规范上也从未有任何不当之处，因此人品值得信赖。他在普林斯顿的这段时间里赢得了身边所有人的尊敬。

希本所说的并非虚词。在普大读书的两年虽然转眼即逝，但王赓收获了尊重和爱戴。在他的档案里，存放着那届同学不断打听或汇报各种有关"我们亲爱的赓兄"的信息，还有他的挚友替他保留的信物。比如一名叫埃弗里特·弗兰克（Everett Frank）的同学（在餐饮俱乐部照片里的后排左二），在多年后费尽周折联系到王赓的家人，只为告诉他曾和王赓在毕业后在巴黎重逢过，另外还珍藏了一封王赓的信，现今将此物赠作纪念。另外有一位与王赓交好的同学叫查尔斯·爱德华·怀特豪斯（Charles Edward Whitehouse），也珍藏了一封王赓的信函，他在晚年写下这样一段话：

有人说所有在我们生命中遇到的人最终会成为我们自己的一部分，诚如斯言，普林斯顿的经历的确融入了我们的血液，

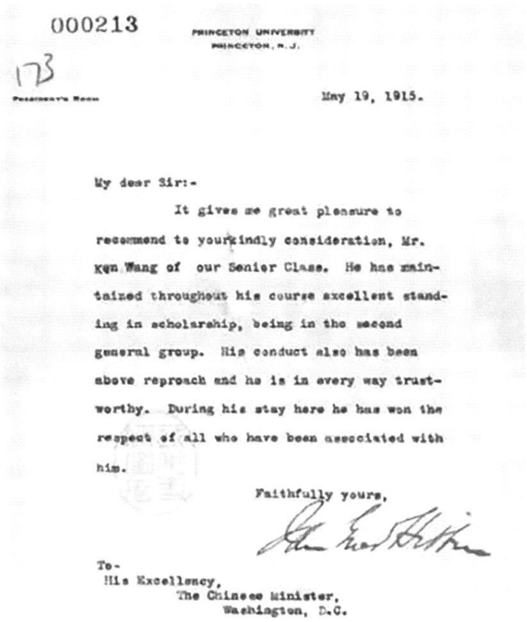

000213

PRINCETON UNIVERSITY
PRINCETON, N.J.

173

President's Room

May 19, 1915.

My dear Sir:-

It gives me great pleasure to recommend to your kindly consideration, Mr. ken Wang of our Senior Class. He has maintained throughout his course excellent standing in scholarship, being in the second general group. His conduct also has been above reproach and he is in every way trustworthy. During his stay here he has won the respect of all who have been associated with him.

Faithfully yours,

To-
His Excellency,
The Chinese Minister,
Washington, D.C.

图 1.5.5：希本校长推荐信原件。

这全都要感谢我们身边的同学，他们是不能替代的。我们为那些拥有杰出成就的校友感到自豪，但那些天赋单一，一生平平的人，我们也将他们珍藏在心里，同样珍视他们带来的陪伴和记忆。现在的普林斯顿学生爱慕虚荣，饱受酒精和性爱的诱惑，我和现在的母校有很大的隔阂，反倒和当年的师生更加亲近。

如他所言，1915 年的那届毕业生不曾看轻身边的任何一位。五十年后，他们决定出版一份毕业刊物作为纪念。此时距王赓离开美国已经过了半个世纪，也在地下寂寞地躺了二十多年，但他的同学们依然费力收集资料，历经数稿，用赤诚的语言为王赓写下生平，只为不负当年的那份情谊。

王赓的那页介绍后面有这样一段总结：

> 罗伯特·哈特爵士（Sir Robert Hart）在《东方问题》（*The Eastern Question*）里这样形容中国人，他们非常友善，遵纪守法，异常聪明，勤俭持家，他们什么都能学，什么都能做，处处彬彬有礼。
>
> 我们的同学莎士比亚将军在生前的每一刻都展现着中华民族的传统美德。他让我们非常确定，我们1915届将永远为他感到骄傲。

想当初，美国用庚子退款资助中国学生留美，诚然希望借此扩大自己在亚太的影响力，但是交流永远是双向的，这些被选中的学子同样也凭着自己的一举一动来影响西方对中国的感观。显然，王赓在这方面很成功，他让身边的美国人爱屋及乌，对中华文明充满好感。

当五十年后，这群白发苍苍的老人再次相聚，回忆起当年的青葱岁月——他们曾经如何一起评古论今，高谈文明兴衰，又是如何踌躇满志，相互鼓励，积极参与各项活动，让人如何不感叹沧海桑田。如今他们有些儿女成群，有些事业有成，可那个曾经头发乌黑、沉稳友善的中国少年早已不在了。

或许此时，能带来慰藉的反而是那首当年被 1915 届选为最喜爱的诗——一首伤感、肃穆，形容死亡的作品：

穿越恒界 [33]

日落和晚星
送来一声对我的召唤
当我缓缓走向大海
请不要在恒界悠叹

愿有股如沉睡的巨潮
盈满无缺，无声也无浪
再次将我载回
那埋葬在无穷深处的家园

暮色里晚钟敲响
往后只有黑暗
当我只身离去
告别中无需有忧伤

穿越此时此地
潮水不断将我牵引
当我穿越这茫茫边界

唯愿与那渡者片刻相视 [34]

1915 年的毕业典礼成为了王赓和普林斯顿之间再也无法重逢的离别，只是当时已惘然。在那一刻，这个文质彬彬、热爱莎士比亚的少年却没有太多时间伤感，带着过往的美好记忆，他又开始马不停蹄地赶往下一站——哈德逊河畔的西点军校。

前往海外学习军事的中国人最早的目的地是日本，从清末到民国前后有一千多人选择远赴东瀛，这些人里面就有著名的蒋介石。他在日本的经历可谓不堪回首，每天必须五点钟早起，然后在天寒地冻的北海道用冷水洗脸，一顿饭只有一小碗米饭、三片咸萝卜或一块小咸鱼，所以长时间挨饿。如果光是条件差，能学到真本事或许还能忍受，但日本教官派他这个炮兵专科去整日养马，压根连大炮的影子都没见到，各种打骂和欺辱更是家常便饭。这些待遇导致蒋介石在回忆录中气愤地写道："日本四年，只是让我学会了爱护军马和不随地吐痰！" [35] 他的遭遇并非极少数——在民族主义和军国主义的驱动下，日本当局对中国留学生充满戒心，把他们与本国人完全隔离，并默许各种歧视和压迫。结果留日生虽然得到了深造的机会，但最后几乎个个变得仇日。

与那些在日本的留学生相比，进入西点的中国人不但获得尊重和接受，还有在其他军事学校里想象不到的开心和有趣。就拿温应星来说，这名于 1905 年头一个进入西点的中国学生虽然有着一张"来自亚洲的神秘面孔"，但很快就和师生们打成一片。在学生刊物的简介里，他被同学们取了一个"温氏华盛顿"的外号，美国人还很惊叹于他对美国本地文化的精通，因为他"连如何用土话来骂人都得心应手"[36]。四年后温应星顺利毕业。时任美国国防部长雅各布·狄金森（Jacob M. Dickinson）亲手给他递上毕业证书。据说在那一刻，为他欢呼的声音响彻屋顶，温应星也得意地对台下的支持者挤眉弄眼，脸上的骄傲藏也藏不住。[37]在他那届1909年的毕业生中，日后产生了二十八名准将以上高级军官，包括在"二战"中大放异彩的巴顿上将。毕业后温应星回了国，做过孙中山秘书，担任过清华大学校长，后来也对王赓有所照拂。后来，他定居美国，死前留下遗愿，如若不能埋葬于故乡就要长眠于西点，他的遗愿被校长柯斯特少将特准。如今那用汉字写着他名字的墓碑竖立在西点陵园里，在一堆英文公墓中格外显眼。

1915年6月16日，也就是普林斯顿毕业典礼刚刚结束后的第二天，王赓带着他的全部家当马不停蹄地前往西点报到——只有这样才不至于错过新生提早报到的日期。

每年的5月，西点校门口都会出现一群年龄在17—22岁的青年，他们二话不说先被领进校医务室，检查身体有无缺陷或疾病。在美国吃了四年的土豆和牛排，王赓的身体非常健康，且着实让人意外的是他的近视没有成为入校的障碍。当年外交家蒋廷黻也有过报考西点的想法，却因眼睛不好而放弃。[38]王赓这次虽然侥幸过关，但视力问题依然在多年后为他带来祸事——这是后话了。体检过后是严格的学科测试，考生需要展示数学、阅读、写作、文学、历史、医学、物理、外语等方面的扎实基础，这一关对王赓而言反而没什么压力，因为从他填写的表格中可以看出，他在大学期间已经修过众多相关课程。总之，几轮考核下来，并非每个人都能走到最后，经常有不远千里的新生兴致勃勃前来，又不得不垂头丧气地原路返回。

作为留下的幸运者，王赓在 6 月正式入学。第一周里，他就换上量身定做的制服，佩戴上贴身手枪，这些醒目对象都在提醒他，他已经正式成为一名待命的军人。

前三个月是暑期的户外集训，营中的生活从每天黎明起床到晚上熄灯睡觉都有严格的时间表。这样机械的生活让许多第一次离家的青年非常不适应，一些人开始萌生放弃的念头，将退学书来来回回起草了好几遍，经验丰富的长官却在旁劝阻："一开始都是最难的，但坚持下去就是胜利。"对十六岁已经在外独立生活了四年的王赓来说，这点苦根本不算什么，更何况这个机会太难得了，他是每天庆幸都来不及。

经历了一个夏天的集训后，全校的新学年正式启动。每天的日程被排得满满的：上午和下午各有五个小时和两个小时的课，剩下的时间有操练、军演还有体育，到了晚上又是自习时间。在西点的体系里，一个合格的现代指挥官在四年里需掌握高等数学、机械工程、天文、化学、写作、文学、建筑、地形学、矿学、外语、医学、军火、战略、法律等知识。这样一来，就算每日从早忙到晚，时间也不够用，更没有暂时偷懒的可能，因为第二天教官就会在课堂上逐个抽查。在这场高强度的体力和脑力拼搏中，不少学生因为某门课程无法通过而被迫退学。

虽然要求严格，纪律严明，但西点和其他美国大学一样，保留了体验美好快乐事物的空间。比如每到星期六，一周没有被记过的学员在午饭后就可以自由活动。有不少人会选择暂时脱离这个男人扎堆的环境，去校外的教官官邸做客，感受一下有师母和姐妹的家庭气氛。每年从 1 月份开始，校方在每周六的晚上举办舞会，这些正值青春的小伙子可以邀请自己心仪的女伴，还可以非常绅士地在舞会后护送宾客返镇，遇到善解人意的长官会为此批准很长的时间。据说许多西点的恋情就是在这条离开舞会的小路上萌芽开花的。

到了星期日，等早上的礼拜结束，学员便可以去附近的酒店和镇上探访朋友。圣诞假期后会迎来两个重要活动，一个是豪华隆重的"第 100 夜"的舞会，另外一个就是让人翘首以待的"第 100 夜话剧"——这里的"100"代表离毕业季只剩 100 天。"第 100 夜话剧"完全由最高年级的学生自导自演，其中的男扮女装是个大看点。舞台上负责反串的演员早早就向身边的女性借来了妖娆的衣服并化上妩媚的妆，这样一来，几个平日里阳刚粗犷的小伙子下一秒就变成"美娇娘"，让台下的伙伴们认不出来，再加上节目内容都是对校园生活的调侃和打趣，让"第 100 夜"总是欢声笑语不断。

6 月的毕业舞会是年度最盛大的活动。那晚，来自各地的贵宾云集在平日封闭的校园里，一起祝贺成功完成四年魔鬼训练的毕业生。在音乐响起后，舞池里总有几对面带红晕的小情侣。他们在校期间必须遵守不能结婚的规定，但毕业后就可以马上携手共度人生。总之，西点的繁忙和严格并没有抹杀个人的发展。这点从学生自己编辑的年刊《榴弹炮》（*The Howitzer*）中充分表现出来，这本介绍历届毕业生的校园刊物处处都透露出诙谐和顽皮。

有关王赓的那页是这样介绍的：

王赓

（来自）中国无锡

中国（政府）指派

"会飞的小王"

如果中国能有很多像王赓这样的年轻人向世界炫耀，那么这个国家一定前程似锦。

科班出身，已在密歇根、哥伦比亚和普林斯顿读过本科的他，带着对知识的无限向往来到我们中间。

他非常"嗡嗡"（聪明）。虽然他的"骨头"（学习）最少，但在班级里一直名列前茅，不但每门学科都很出色，还才思敏捷，口才出众，硬是在母语上都把我们比了下去。

最让我们对他产生敬意的是赓在"山羊"（差等生）身上下的功夫。去年圣诞假期，他兢兢业业，非常开心地完成了分配给他的任务，那就是用每一分钟来帮助那些未通过考试的"山羊"，最终他们的成功很大一部分来自赓的付出。

亲切温暖、谈笑风生——我们永远不会忘记这位来自远东的同学。当他成为中国的首席军官王大将军后，我们将会一起重温过去的美好时光，那将是多么愉快的一天！

文中的"嗡嗡""骨头"还有"山羊"都是西点的内部暗语——这群大男人之间相处时还是有如调皮的孩子。比如王赓的室友，这个和他同睡一屋的兄弟在《榴弹炮》里被形容为"雪茄在手，

Ken Wang

WUSIH, CHINA

Appointed from China

"WANGCUS", "WING"

IF CHINA can boast of many more men like Wang she is indeed ordained to the achievement of great things. Well educated, with a college training derived from Princeton, Columbia and Michigan, he came to us filled with the ambition to learn.

Ken is extremely hivey. With a minimum amount of boning, he has always stood towards the top of the class even to the extent of ranking practically all of us in the study of our native tongue. Well-informed on every subject, a student and a thinker, he is a gifted talker.

However, where we most easily learned to like and respect Wang was in his work with our goats. On last Xmas leave, he was kept here on dis, and this afforded him a task he delighted in filling. Every minute he spent in instructing the goats held back for the exams, and their success was largely due to his efforts.

Warm-hearted and bubbling over with good nature, we can never forget our classmate from the Far East. It will be a happy day indeed when we can meet General Wang, Commander-in-Chief of the Chinese Army, and have a talk over old times.

图 **1.5.6**：1919 西点军校年刊《榴弹炮》。

烟草装信封，喜欢晚上去大四生的俱乐部，潜伏在别人的争论里，等吵到高潮时，他才会懒洋洋地插上一句，'你知道老迈刚发生的事吗？'"。[39]

《榴弹炮》里每个学员都有一张精美的头像，身上所穿的军装非常讲究，款式源自美国独立战争时期的军服，每件都是量身定做，手工缝制，耗费约一斤以上的纯羊毛和 44 个金扣子。这套标志性的西点制服让本来就挺拔的学员更加气宇轩昂，王赓的这张头像留下了他英俊的身影。可以想象，这群身穿制服、阳刚健美的少年肯定是当年东海岸最靓丽的一道风景线，所谓君子如玉，淑女好逑，难怪每次西点举办舞会，方圆百里的女校，比如瓦萨（Vassar）、威尔斯利（Wellesley）、史密斯（Smith）和布莱玛（Bryn Mawr）的学生都会闻风而至。

有关两性的话题在《榴弹炮》里非常显著。有一首打油诗，标题是用德语写就的《跟我们在一起——1917 圣诞》。讲的是"全校最皮的十个人"以及他们的英雄事迹和在毕业前夕的一番感慨。在第一段结尾有这样一句："你知不知道这最皮的十个人？如果不清楚，那就读一下王赓为他们写的一首赞歌！"然后标题切换成法语，变成了《一个中国人写的诗》，下面是王赓的署名和他致敬的好友，再下面有一张图画，是一个肥头大耳的女子在和一个表情尴尬的军官在跳舞，搭配的四行诗是：

为开心和欢笑的她举杯
也为矜持和甜美的她举杯

Komm Mit Uns—Xmas, 1917

SONG OF THE NAUGHTY TEN

"Out of seven hundred cadets we are the chosen few
Selected by the mighty T. D. to fill the Chaplain's empty pew.
If you are turned out for Phil., or Chem., Cavalry Drill Regs. or tongue
    of sweet France,
A couple of nights of hard boning sets you free as Broadway's free lance;
But if the Komm takes a fancy to you, a doomed man you are;
Henceforth till Graduation good-bye to the Astor bar.
But 'Cheer up, my lads' some will say, 'why not lie down on your bed
Let thoughts of leave after graduation go floating through your head!'
"The good old days are gone," is the answer
"We are no longer carefree bucks, acting makes, sir.
Although the chevrons we don't wear, all the work we do,
Tops and Damages all in one and some of us captains, too.
P. S. notes we daily receive from some Tac concerning morning report.
The Komm is surely a Santa Claus, though to skin us is rather short.
A Hellish way to pass these nine days when you think you ought to have done,
But we are the naughty ten, so our only complaint is 'um-hum.'
Have you heard of the naughty ten? Then read the song of Wang Ken.
The Dirty Dozen's got nothing on us for we are the Naughty Ten!"

POÈME À LA CHINOISE

Par Ken Wang

Dedicated to Bagby, Grant, Odor, Hodges, Hanley, Jones, E. N., Clay, Smith, P.W., and Ward, C. S.

Here's to the femme who is happy and laughing
Here's to the one who is modest and sweet,
But she who has made the deepest impression
Is the L. P. who stepped on our feet.

three hundred fifty-six

图 1.5.7：《榴弹炮》中王赓所作打油诗。

> 但给我们印象最深的那个女子
>
> 却是那个没人喜欢又踩了我们一脚的那个

那年的圣诞王赓才读到大三，但因美国参战而被安排提前毕业。如果只看这些快乐的文字，很难相信这群幽默调皮的少年即将在半年后挥别故土，面对血腥的机关枪、坦克和毒气。或许在《榴弹炮》的编辑中，不少人刻意与外面的世界保持距离，以享受赴前线之前短暂的平静，但别人或许可以不受影响，可牵挂着故乡的王赓时刻关注着国际形势。

就在 1917 年 3 月，也就是美国对德宣战的前一个月，王赓给普林斯顿的好友怀特豪斯（C. E. Whitehousse）写下这封信：

亲爱的丘比特（怀特豪斯在普林斯顿的昵称）：

虽然我还没有完全确定向德国开战是有利的，但我越来越觉得你的设想非常有道理。这一切都将决定于日本。如果中国向德宣战，逼迫德国和日本联合起来，我将毫不犹豫地支持英法俄的三国协约（Entente）。

我已经做了个人决定，当中国向任何他国宣战的那一刻，我将立刻起身返回。

我非常感激你对中国的善意。也许你也乐于知道，经过这段时间的居住和与美国人的接触，我已经不知不觉地对这个国家产生了喜爱。出于这个原因，我不忍看到美国单单为了中国而进入战争，但如果两国并肩作战对双方都有利，那当然希望获得你的支持。

我恐怕不能出席校友会了，因为 6 月 13 日之前我都无法离开。

如果你能在复活节来看我，我自然会非常开心，最好的时间是周六，其次是周三，最后是周日。其他日子你也可以来看西点的景致，但只怕我抽不出时间陪你。

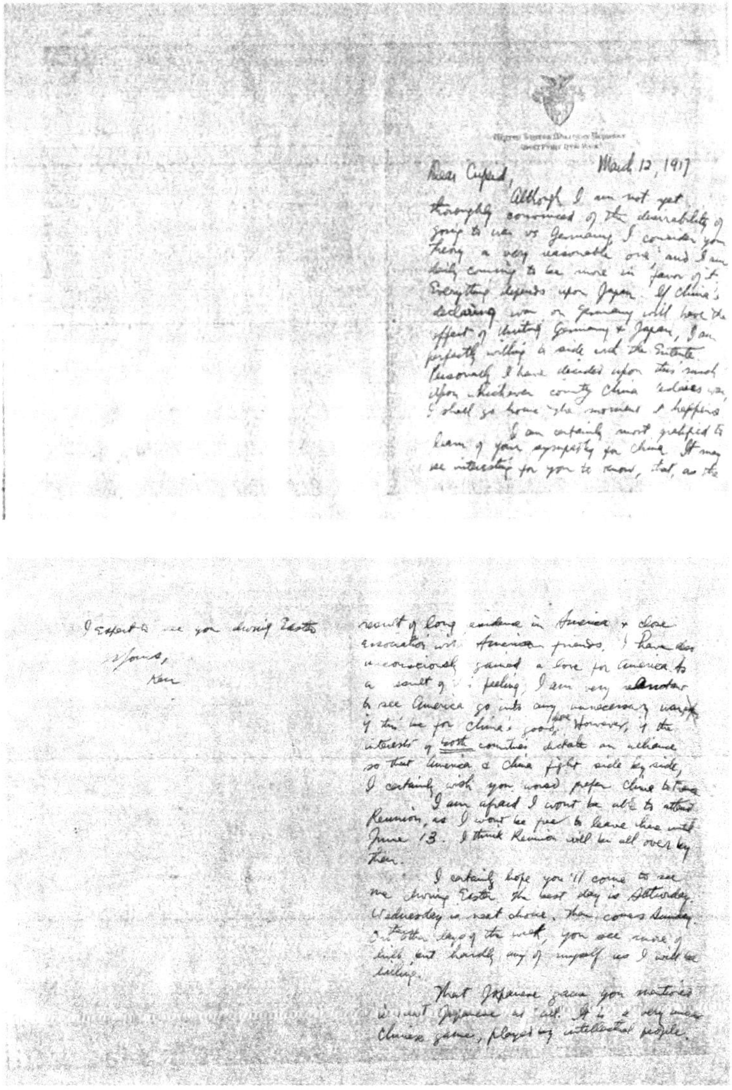

March 12, 1917

Dear Cupid,

Although I am not yet thoroughly convinced of the desirability of going to war vs Germany I consider your theory a very reasonable one, and I am daily coming to be more in favor of it. Everything depends upon Japan. If China's declaring war on Germany will have the effect of uniting Germany & Japan, I am perfectly willing to side with the Entente. Personally I have decided upon this much: upon whichever country China declares war, I shall go home the moment it happens.

I am certainly most gratified to learn of your sympathy for China. It may be interesting for you to know, that, as the result of long residence in America & close association with American friends, I have [illegible] unconsciously gained a love for America to a sort of [illegible] feeling. I am very [illegible] to see America go into any unnecessary war, if this be for China's good. However, if the interests of both countries dictate an alliance so that America & China fight side by side, I certainly wish you would prefer China to [illegible].

I am afraid I won't be able to attend Reunion, as I won't be free to leave here until June 13. I think Reunion will be all over by then.

I certainly hope you'll come to see me during Easter. The best day is Saturday. Wednesday is next choice. Then comes Sunday. On the other days of the week, you see more of [illegible] but hardly any of myself as I will be drilling.

That Japanese game you mentioned is not Japanese at all. It is a very [illegible] Chinese game, played by intellectual people.

I expect to see you during Easter.

Yours,

Ken

图 1.5.8：王赓给普林斯顿好友怀特豪斯的信件原文。

你提到那个"日本游戏"根本不是日本的,而是一个过去中国士大夫的游戏[40]。希望能在复活节见到你!

你的
赓

王赓也并没有食言。他那届学生本该于1919年毕业,后因战争而提早一年完成学业。1918年夏天,他身边的美国同学都风急火燎地赶往法国主战场,而他则立刻启程回国。这届学生都佩有一枚班级戒指,以最贴身的方式提醒他们不忘"责任,荣誉,国家"的校训。在6月的毕业典礼上,威尔逊总统率领最高官员一行人亲自前来出席,国务卿贝克则颁授证书,所有高官都知道,美国的命运紧紧寄托在眼前这批年轻健壮、知识非凡的军官身上,只有他们奋不顾身,不惧牺牲,美国才能站稳世界舞台。对毕业生而言,这真是繁忙的一天,早上四点天才刚刚亮,他们就排列整齐,接受了三军统帅的检阅。前来出席的政要会惊奇地发现,这些高鼻子、白皮肤的高才生中竟然有一张亚洲人的脸,这个人居然还成绩优异,于是大家都上去与他握手寒暄。为此,王赓成了所有毕业生中唯一一个留下独影的人。

王赓作为亚洲人从西点风光毕业的消息被刊登在美国各大报纸上,人们津津乐道这个叫 Ken Wang 的中国人在全年级140多名学员中总分排名第12(日后出任总统的艾森豪威尔毕业时不过排到第64),还在射击领域获得奖章。此外,这位毕业生表示要用全部所学来建设中国军队,这就是他长期以来就读西点的目的。

如今他已经不再只是千千万万个少年中的一个，而是有着自己独特的身份——西点军人，和一个宏大的使命——推动中国军事的现代化。在此王赓为他漫长的留学生涯画上了一个完美的句号。

1918 年夏天，王赓再次坐上了跨越太平洋的邮轮，朝着遥远的对岸驶去。上一次越洋时他才十六岁，忐忑又青涩，现在他已经是一名成熟的军人，不仅如此，他在美国的七年可以说是硕果累累：不仅从顶级大学和军校毕业，按照中国的说法，还是现任美国总统的半个门生。肚子里装着学问，脑袋里装着见识，他不光满载而归，还要去效命让人刮目相看的亚洲第一个共和国，虽时局动荡，前途未卜，但新政毕竟破除了千年的专制，开启了现代文明。

图 1.5.9：王赓毕业时的独照。

同样是一望无际的太平洋，同样翻滚着波涛汹涌的浪花，七年前，无尽的海水映射着不安和未知，而现在它却处处代表希望和信心。

从西方最悠久的共和国回到亚洲最年轻的共和国，迎接王赓的又将是什么样的未来？

图 1.5.10：西点毕业典礼的盛况。

图 1.5.11：毕业典礼当天的操演。

图 1.5.12：前来参加西点毕业典礼的美国总统威尔逊一行人员。

第二部分　重归江河

1919
／
1927

承载王赓的邮轮沿着七年前的路线反向而行，在太平洋上漂泊多日后终于看到那广袤的中国海岸线。船驶入长江口，随之映入眼帘的一幕是 20 世纪初的东方明珠上海所独有的：黄浦江里挤满了瘦小的乌篷船，码头上是弯腰曲背、步履蹒跚的搬运工人，岸上奔跑着黄包车，里面坐着打扮时髦的老爷和太太们，耳边回响着各种方言、外国话和吆喝声，空气里有小吃和烟草的味道。这嘈杂热闹、中西混杂的场面都以最直接和感官的方式告诉王赓，他已从美利坚回到了处于巨变中的古老东方。

　　再次踏上既熟悉又陌生的国土，王赓有一丝近乡情怯。有那么一瞬他突然怀念起美利坚宽敞的街道、林立的高楼、现代化的设备、英语，还有早餐专属的吐司、黄油和咖啡。毕竟王赓在美国社会生活了七年，对那里的风土人情和约定俗成已经了如指掌，反倒是中国，这七年中所发生的巨大变化都需要他一一熟悉。

图 2.0.1：20世纪初的上海码头。

　　但这份忐忑在回到无锡老家后就马上烟消云散了。已然老矣的父亲看到这个出落得一表人才的长子，眼中尽是藏不住的关爱和自豪。母亲一边笑不拢嘴，一边不断感谢菩萨的保佑。底下的弟妹们有如魔法般长大，长姐王畹兰文静贤淑，已是一个待字闺中的大姑娘，妹妹翕青、淑敏和弟弟慕山、王廉（后改名兼士）都已入校读书，最小的六弟王序在他走后才出生，如今也快要上小学了。平日里这几个兄弟姐妹听过好多关于这位兄长的传奇，知道他非常厉害，一路过五关斩六将跑去美国念书，又以优异的成绩毕业于那里的顶尖军事学校，连名字都登上了国外报纸。这个"英雄"如今回来了，怎能不让他们欢欣雀跃。尤其是淑敏和兼士，天性活泼，所以一直问东问西，还调侃大哥哥有没有喜欢过金头发蓝眼睛的外国小姐。母亲早早吩咐厨房马不停蹄地准备好吃的，恨不能把外面吃不到的美食，像什么无锡排骨、鱼头汤、生煎小笼、桂花藕片等，通通弥补上。亲人的围绕让王赓成为被照顾和看重的对象，一下子落地生根，回归家族。

到了8月，顶着西点毕业生的头衔、公派归来的王赓顺利入职陆军部，被授予少尉军衔，几个月后兼任工程营营长并升为陆军中校。与此同时，他还被母校清华聘为兵操教练官和高等科算术教员。眼看他在京城前途光明，全家便决定跟随他一同北上。虽然南方人需要很长时间才能适应北方的环境，但为了家族的未来，这显然是最佳选择。

在刚回国的日子里，王赓在9月份的《法政学报》上发表了一篇名为《美国之决心》的文章，断定这个国家将以胜利者的身份结束这场激战正酣的世界大战。要知道美国当时还只是初登历史舞台，资历远比不上欧洲大陆上战斗经验丰富的老牌国家。德国从一开始就势头凶猛，把英法盟军打得落花流水，甚至在1918年夏天差点攻下巴黎。所以在最后一刻加入战争的美国会扮演什么角色，对结局产生什么影响，对很多人来说还是个未知数。

凭借在这个北美国家生活长达七年，王赓在文章里详细分析了它的强大潜能，指出这个后起之秀除了拥有强大的人力物力，还凝聚了不惜任何代价战胜对手的决心。对此，他进一步介绍了美利坚社会和经济体系的特征，以及对战争超乎寻常的准备。这些观察极具参考价值，可惜全篇从头到尾都是英文，而且还刊登在一个带有德语标题的精英刊物上，因而注定与广大读者无缘。

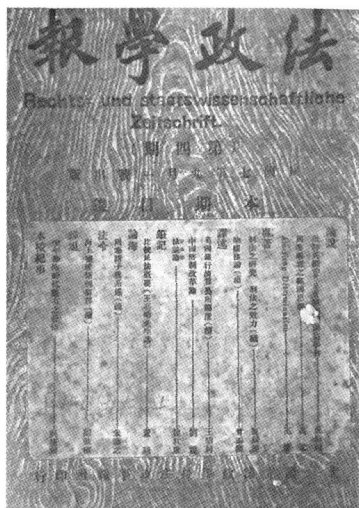

图 2.0.2：1918 年《法政学报》的封面。

在写作方面牛刀小试之后，王赓浅尝辄止。显然他并不缺乏对写作的兴趣或能力，但却最终没有走上这条路。这虽有些可惜，但反过来想，文章虽流芳百年，但社会同样需要务实的人为当下勤奋耕耘。事实上，不少作家都是先因为无处报国才退求其次而奋笔疾书的。胡适就提倡过"多研究些问题，少谈些主义"，到了王赓这里恐怕则进一步变成"少研究些问题，多做些建设"。

没过几日，与家人的重逢很快又被打断了：王赓暑假才刚刚回来，还没等到过春节便又要远行，而且一去又是大半年。对此最伤心的肯定是他的母亲，才团聚几天又要看着爱子离去。她这一生最依赖这个长子，但偏偏时不时要忍受各种大大小小的分离，并为远在天边的他牵肠挂肚。

第一章　初露头角

——民国史上最强的外交使团

1918 年，筹备了很久的北洋政府终于获得出席"一战"结束后的巴黎和会的资格。王赓以海陆军顾问兼外交部翻译的身份被委派随团出访。此番巴黎和会在规模和性质上都远超一般意义上的国际会议。今天各国元首之间的访问通常为期几天，规模较大的高峰会也鲜有超过一周的，而当时的巴黎和会从开幕到正式结束持续了整整一年，参会的代表共有一千多名，分别来自三十多个国家，其中有七十人是可以代表政府的"全权代表"。会议所讨论的主题包括战后追责、俘虏交换、条约制定和全球机构的设立等，其范围之广、影响之深，大有重塑世界秩序之野心。当时除了大批政要和外交官员到场外，还有大量民间团体和有志之士，其中有一位追求祖国自治的越南青年，就是后来大名鼎鼎的胡志明；有美国社会学家、日后建立了全美有色人种协进会（NAACP）的非裔杜波依斯（W. E. B. Du Bois），还有中国大学者梁启超，以民间外交观察员的身份前来考察。

面对如此隆重的国际场合，北洋政府自然不敢轻视，招募了最杰出的人才，打造了一组史上最强的外交队伍。王赓有幸参与其中，可以说既是意料之外，又在情理之中。从资历上来说，虽然他从显赫的普林斯顿和西点军校毕业，但所获的学位是本科，军衔为少尉，都是起步级别。回国后虽已火速晋升为中校，但毕竟还是一个刚走出校园的二十三岁"青葱少年"，谈不上功勋或经验。可王赓身上有着别人很难代替的优势，比如对先进西方军事的掌握和对国际外交常规的熟悉，都是中国方面最需要的，精通英语外加熟悉美国社会更是锦上添花。

和王赓一样，此次代表团的五名全权代表都拥有良好的西式教育，精通多国语言，涉外经验丰富，与过去对国外一无所知的大清官员不可同日而语。率队的北洋政府外交部总长陆征祥擅长法语和俄语，有二十年的丰富外交经验，另一位代表魏宸组在比利时留过学，掌握英、法、德三门外语。除了这两人外，剩下的三名代表都是留美派。首先是驻英公使施肇基，他是康奈尔大学第一位中国留学生（1897 年），入校时间比胡适早了整整十三年，拥有文学硕士和哲学博士学位。除他外，其余两名代表分别是顾维钧和王正廷，前者是当时的驻美公使，后者是广州国民政府委派的南方代表，两人分别在哥伦比亚和密歇根就读，和王赓可以算是同门师兄弟。

更有意思的是陆征祥、施肇基、顾维钧、王正廷与王赓一样来自深受西方影响的江浙一带。他们中年轻的一代更是体现了欧美教育的低龄化。比如王赓考入了等于高中的美式清华预备班，搭上留美庚子生的便车，而施肇基、顾维钧则入读了 1879 年创建、被称为"东方哈佛"的上海圣约翰大学（Saint John's University），不少熟悉的名字，如荣毅仁、林语堂、邹韬奋、贝聿铭等，都是他们的校友。因此，代表团中的"北美派"虽有些资历尚浅，但因自小与国际接轨，大有后浪催前浪之势。他们的闪亮登场背后也反映了一个现实，那就是随着 20 世纪初全球权力中心的转移，美国正逐步取代欧洲，成为吸收和输送国际精英的中心。

中美教育之间合作的突飞猛进让巴黎和会从某种角度上变成了一场两国名校毕业生的现场秀。之前提到的施肇基、顾维钧和王正廷就来自康奈尔、哥伦比亚、密歇根和耶鲁这四所著名大学。美国驻华公使芮恩施（Paul Samuel Reinsch）在给顶头上司国务卿蓝辛（Lansing）介绍中方针对巴黎的人事安排时，还不忘标注王赓和另一个随行人员的美国教育背景。

（美国）驻中国公使致国务卿

文件号码 2342

1918 年 11 月 23 日，北京

阁下，

我深感荣幸能向您汇报中国政府关于参加巴黎和会所做的准备，并陈述一些对此的考量。

陆征祥大人，现外交部总长，被指配为团长。此外还将会有目前的驻美、驻英和驻法大使[41]，还有之前的荷兰大使魏宸组先生[42]。随行人员和秘书还包括毕业于哥伦比亚的黄鹤龄博士，以及毕业于普林斯顿和西点的王赓上尉。

保罗·芮恩施

在这简短的几句话里，芮恩施的潜台词其实是：你看，代表团里有两个我们培养的毕业生，在美的教育背景让他们就像半个自家人一样，有这样的人在，我们可以期待在巴黎和会上能与中方没有语言或文化障碍地流畅交流。北京的美国文化教育圈子非常小，一来二往大家都相互认识。芮恩施还记得在几个月前就听到了北洋政府里来了一个叫王赓的留美高才生，他的另一个身份是西点军校在中国的代表（American attache in China）。他们相识后，芮恩施发现王赓还在普林斯顿专攻过政治历史专业，太巧了，芮恩施被指派为驻华公使前就是历史政治学的教授，因此两人聊了起来，这次交流让芮恩施受益匪浅，惊叹在中国还能遇到学术上的知音。

芮恩施也并不是唯一有高学历的美国官员，可以说美方的外交团在巴黎贡献了一个与中国留美生遥相呼应的教授小组。比如此行的国务院远东事务司司长卫理（Edward T. Williams），之前为伯克利大学东方语言文学系的教授，罕见地精通中国传统文学和哲学。卫理的助手，远东事务二号专家霍恩贝克（Stanley K. Hornbeck）是芮恩施指导下的博士生，本科就读于科罗拉多和牛津，在中国大学教过四年书。不光这些文官们学识渊博，身为首席军事顾问的布利斯将军（Tasker Howard Bliss）也不遑多让。他出身西点军校，擅长外语、数学和战略，毕业时成绩排在全年级第八，随后留校任法语教授。在"一战"爆发时他临危受命，出任美军与协约国的联合总司令。

这些带有学者和教授身份的美方人员，看到和自己学生差不多大的中方代表个个英语流畅，年轻有为，深得博雅教育真谛，怎会不多生几分关心和偏爱呢？因此在会议期间，中美双方在私下走得很近，其中不乏各种惺惺相惜，相谈甚欢。王赓在各种会面和交流中做出了自己的贡献。在会后茶歇或酒宴期间，他说会去找霍恩贝克教授[43]，聊一聊后者的成名大作《远东的当代政治》，这本书一出版就成了美国东亚领域的权威著作；或与卫理讨论一下阅读中西名著的心得，因为他一直喜爱文学；他肯定会以西点学生的身份向布利斯将军致敬，并谈起他那届美国同学在战场上的牺牲，他是多遗憾没有能和他们并肩作战，一起歼灭德军。当然，最值得王赓敬仰的还是美国总统威尔逊。众所周知，威尔逊在美国政坛上是罕见的高学历总统，不但拥有博士学位，还出任过普林斯顿的教授和校长，并且对这所学校充满着特殊的感情。虽然王赓入校时他已前往华盛顿出任总统，但普林斯顿的学子多多少少都算是他的半个门生。此外，威尔逊还参加过他在西点的毕业典礼，两人正面交谈过。如今能在巴黎和会上见到自家学校和专业的毕业生以官派身份出席，证明了威尔逊对教育和国际交流一贯秉持的理念，他又怎么能不开心呢？

光是这个可以当面称呼威尔逊一声"先生"并与他亲切寒暄的机会已经让王赓成为无数人眼红的对象。要知道威尔逊此刻已经成为了全球几亿人的偶像。和会正式开幕，他开始走访欧洲各国，所到之处，当地居民倾巢而出，前呼后拥地等在他经过的路上，只为

图 2.1.1：威尔逊在巴黎受欢迎的场面。1918 年 12 月 14 日。

能一睹真容，那疯狂的热情仿佛是见证一个从天而降的弥赛亚。

这个已经六十三岁、身材清瘦、性格有些高傲的老人究竟有什么魅力，让这么多与他素未谋面、毫无瓜葛的民众为他倾倒？ 这一切可以追溯到一月份他在国会发表的一场演说。当时美国参战不久，结局未卜，但威尔逊踌躇满志，他登上庄严的讲台，向全世界宣布，将带领各国拾起捍卫正义的勇气和信心，纠正过去的不义和野蛮，借助良知和道德的觉醒，为人类的长期和平和团结奋斗。为了这个理想，美国将实施航海自由、外交透明、军备限制、尊重自治、保护主权和成立国联等一系列具体措施，被称为著名的"十四点条约"。

通过这个条约，这位美国的第二十八任总统为世界文明勾画了一张振奋人心的蓝图，跃然纸上的理想主义和普世情怀引发了热切回应。要知道近代的西方政坛一方面宣扬人性的尊严和光辉，另一方面却执行赤裸裸的"现实政治"（realpolitik）——也就是一套只讲权益、不论对错的策略，无论是英国对华销售鸦片还是美国引进非洲奴隶，都能看到它的烙印。"现实政治"导致各国之间长期的算计和敌视，最终引爆世界规模的武装冲突。在这场大型战争中，所有参与者毫无例外地被反噬。面对如此惨痛的后果，必须有人对这个弱肉强食、尔虞我诈的世界进行反思。此时，威尔逊的"十四点"发言让人不禁觉得所有天时地利人和都难能可贵地聚在一起，只为文明的轨道能改弦更张，人类大同的理想能早日实现。[44]

从此这名老人成为了一个鼓舞着千万人的符号，他身上的文化底蕴和启蒙思想尤其让知识分子心旌摇曳、热血澎湃。[45] 法国反战作者、诺贝尔奖得主罗曼·罗兰不吝赞美地将他比作弥赛亚，印度的萨斯特里（Valangaiman Sankaranarayana Srinivasa Sastri）更夸张地称他为耶稣和佛祖再世[46]，中国的康有为则称他身上有圣祖孔子的影子。这群信徒中自然也少不了曾一同与他生活在北美的庚子留美生。蒋梦麟在《美国总统威尔逊参战演说序言》中激动地写道："威总统之言，实为世界大同之先导，凡爱平民主义者，莫不敬而重之。"蒋的好友、一向对事物拥有独特判断的胡适提起这个大众偶像也是赞不绝口。[47]

于是这个明明已过耳顺之年却拥有少年理想的老者让1919年年初的世界陷入一片前所未有的乐观情绪中。在众多国家中，若论起对未来期待之高、对正义信心之强，恐怕没有能超过中国者。过去的大清一直做着千秋大梦，幻想着万国蛮夷前来跪拜朝贡，却直接成了国际社会的一个笑话，如今仅仅过了一代人，中国便以亚洲第一个现代化民主共和国的姿态重整旗鼓，在巴黎和会以全新身份登上世界舞台。"一战"刚刚爆发，北洋政府就认真规划着应对策略。结果袁世凯的幕僚梁士诒给出了"明示中立、暗示参加；以工代兵，赴欧参战"的计谋，把中国的未来押注在协约国这一方。随后从 1916 年 8 月到 1918 年 11 月，中国派出十四万劳工前往欧洲支持盟国，最终苍天不负有心人，北洋政府押对了这盘赌局，让中国以相对较小的代价在短时间里大获全胜，在短短几年里从一个又穷又弱的东方没落之国跳跃进阶挤入胜利者强国的行列，并获得分享战利果实的资格。

时间推到 1918 年 11 月 11 日，德国正式无条件缴械投降。前线战壕里的士兵得到消息后相拥而泣、对空鸣枪，英国剑桥的学生们兴奋得把书扔向天空，纽约街上成千上万的市民聚集在一起狂欢，巴黎的市中心传出震耳欲聋的欢呼声、口哨声、喇叭声，塞纳河边的夜空被灿烂的烟火点亮。远在东亚的中国也加入到全世界的庆祝队伍中，而且丝毫不逊色：总统徐世昌亲自在太和殿前举行阅兵典礼，大学生们举着五色旗在街上游行，全体公务员放假一天，各路宗教人士按照各自传统进行祈福，位于西总布胡同纪念德国人被杀的克林德碑被运到中山公园被重新改名为"公理战胜坊"。

就在举国上下无比欢庆的气氛中，我方代表团承载了四万万同胞的厚望启程赴法参加战后协商。12 月 21 日，以唐在礼少将为首、王赓为随行人员之一的军事代表团在旅欧的路上绕道美国，途中停留旧金山。[48]当地的华侨得知后乐开了花，这些即将在国际舞台上大放异彩的"娘家人"让平时生活在歧视里的华人觉得格外扬眉吐气。因此，他们一行受到热情的接待[49]，当地人安排大家参观旧金山，还在唐人街最豪华的餐馆设宴接风。代表团里不少人都是第一次到美国，每遇到新奇的地方，王赓都会耐心讲解，他乐此不疲，因为他想到自己第一次经过旧金山时同样也是眼花缭乱。有意思的是，这里的华人只会讲广东话，王赓和唐在礼等又都是江浙人，所以有时候还需要加几个英文单词才能搞清楚。不少华人见到王赓，都忍不住问这位英文流利的长官看上去这么年轻，等听到他才二十三岁时都惊叹不已，果然是江山代有才人出。在席间，众人吃上了做工讲究的粤菜，又喝上了西洋的红酒，聊起国内近闻，王赓向他们描述了太和殿广场上庆祝欧战结束的盛大场面，尤其是威武的阅兵仪式，众多战胜国的军队排列整齐，在英国、美国、法国和意大利的队伍旁站立着佩戴着最先进武器的北洋军。然后就是总统致辞，他身后的台阶上有上千身穿礼服的贵宾，他们挥舞的协约国的旗帜和中文标语组成了一片飘动的海洋。致辞结束后，好几架飞机出现在紫禁城上空，撒落大量的红色的喜气传单，此时响亮的欢呼声和108声礼炮简直把耳朵都震聋了。王赓笑着说，其实那天美国人在不知道的情况下也参与了庆祝，大家知道是怎么回事吗？众人一时摸不着头脑，他答道因为那天恰巧是周四感恩节，所以中美两边都在庆祝，可见这日子有多吉祥。大家听后一阵微笑。

在短暂休整后，一行人起身离开旧金山前往纽约。阔别才半年，王赓又路过他最为熟悉的东海岸，借机带大家去参观一下母校西点，拜访一下美方军界的重要人物——不过时间真是太紧了，因为在1月18日和会就要正式开幕。

在住宿上，东道主法国并没有亏待中国。庞大的代表团被安置在位于巴黎市中心圣日尔曼代普雷区（Saint-Germain-des-prés）的吕特蒂大酒店（Hôtel Lutetia）。这家酒店不但外形优雅，内部还采用当年最流行的装饰风（Art Deco），且周边咖啡馆林立，是战后毕加索、戴高乐、乔伊斯等名人常常出现的场所，因此连空气里都游荡着浪漫又文艺的细胞。王赓也一直对法国怀有憧憬，希望能去这个国家好好看看：法语是他上学时的强项，法国在文学和艺术上的成就非常突出，法国圣西尔军校（The Ecole spécialemilitaire de Saint-Cyr）和西点又保持着长期的友好往来。可惜无论他对这个国家有多好奇，此刻都没有心情或时间去游玩，因为和会的进展让人大跌眼镜。

代表团临行时，民间的热情高涨，职业外交家们则比较冷静，他们根据形势制订了最稳妥和实际的目标，一就是收回德国在山东的所有权益，不让日本人接手，这点是最重要的，属于基本条件，不容妥协，二就是取消帝国主义在中国的所有特殊权益和治外法权，废除一系列损害国家主权的条约，这一部分如能做到将会是好上加好，属于希望条件。

可是大会还没正式召开，局势就变得扑朔迷离。首先前来参会的代表团被划为好几等。最高级别的可以派五名代表出席，这组一共有五国，就是英美法意日，接下来的二等国像巴西等可派三名代表，中国却只有两人可以出席会议，这让庞大的代表团非常尴尬。

图 2.1.2：巴黎和会中国代表团合影。

对此大会给出的理由是中国虽然加入协约国的阵容，却没有派兵上阵，也没有流血牺牲，贡献不够，何况现在南北政府对立，让人质疑公信力，只能低于他人。在美国的周旋下，大会才同意让中方设置五名全权代表，每次自行选择两人出席。接下来的情形更糟：中国的希望条件还没正式提出就被拒在门外。会议委员会指出不平等条约的处理超出了战后赔偿的范围，这种历史性问题必须交予即将成立的国联来仲裁。这番说辞表面上有一定道理，却反映了背后一个残酷的事实，那就是威尔逊的"十四条"虽然义正词严，但具体执行是由几个少数国家说了算，而它们又都被自己的利益所捆绑。就拿当年列强强加给中国的《辛丑条约》来说，这种掠夺色彩强烈、毫无公平性的律文是极不合理的，可对英国和法国而言，却不能割舍其中的实质性好处。因此当道义需要别人来伸张时，其中的缺失和无助可想而知。这种被动的处境也并非只是中国独有，其他地区的反殖民诉求也陷入同样的窘况。由此可见，普世理想在狭隘的国本主义面前无法立足，后者对前者的破坏必将催生无数新的悲剧。

因为提议被拒，代表团被晾在了一边，可到了1月27日，日本又在由自己和美英意法五国组成的十人大会上出其不意地扔出了一颗"炸弹"，要求接收德国名下在山东地区的所有权益，而这恰恰是中国最反对的。在这个至少名义上追求公平和正义的大会上，日本政府如何对此举自圆其说？别看他们骨子里全是帝国主义的蛮横霸道，却为这步棋做好了充足的外交准备。首先日本代表指出自己为了援助盟国派兵前往中国与德国作战，理应从战败国德国身上获得补偿。另外，日本也并没有武断独行，而是早就获得盟友英法意的支持，并且签署了具有法律效力的约定。我方也通过了"二十一条"等协议，承认了此举的合法性。

这一头日本人在只有五强出席的十人会上大放厥词，那一头美国远东事务司司长卫理马上趁着午饭时间抢先把消息传递过来，并透露美国将邀请中国前来回应。这一突发情况让大家措手不及：之前还担心不受关注，如今一下子就掉入旋涡的中心。日方明明是在光天化日下抢夺山东，但说得好像理由充分；中方明明是在众目睽睽下受到侵犯，却需要据理力争，逆水行舟。形势此时已经非常被动，俨然到了拼死一搏的地步。经过商议后，代表团决定向主持会议的法国总理克列孟梭（Clémenceau）做出请求，用一晚的时间做准备，第二日正式回应。

无法想象中方代表团是如何度过那一夜的。宁静的黑暗中仿佛到处倒映着千万里华夏河山和无数同胞关切的眼眸——民族和国家的未来将在太阳再次升起后一见分晓。到了第二天，1月28日，年仅三十一岁的顾维钧被选为发言人。照理说在如此重大的场合又肩负如此重任，凭谁都会局促不安，可顾维钧在哥伦比亚期间就已参加过无数次演讲辩论，早就练就了重要关头临危不乱、沉着应对的能力。而且他花了很多时间把山东问题研究了个透彻，因此胸有成竹，干脆连稿子都不用，一张口就滔滔不绝，金句频出。他首先向在场听众声明，别看此刻发言的只是他一人，却代表了四万万同胞、地球上四分之一的人的声音，因此字字重如泰山，不容轻视。他要代表中国人民强烈斥责日本的无理要求。众所周知，山东是德国人靠武力非法夺去的，那片土地上世代居住的都是中国人，孕育的也是最地道的中国文化，不仅如此，山东还是孔孟之乡、中华文明发源的摇篮，中国绝不能失去山东，就像西方不能失去耶路撒冷。这个切中要害的比喻绝妙无比，从此广为流传。最近却有学者发现，查遍当时的会议记录，却没有找到"耶路撒冷"这句话，因此推测极有可能是报纸记者自行杜撰的。[50]不过即便如此，这份"张冠李戴"也并不违和，因为顾维钧曾长期深度接触东西方两个世界，很自然会联想起各种巧妙的文化比较。对此王赓不禁想起他普林斯顿室友黄汉梁的毕业演讲。当时黄汉梁在撰写演讲稿时，琢磨了很久，到底如何才能让身边的美国同学明白日本在华的本质。何况不久前刚有一名日本学者跑来普林斯顿为本国做宣传，大谈日本政府是如何被动和无私：原来事实也未必经得起谎言的围攻！于是黄汉梁灵感一发，就将日本强迫中国签署"二十一条"比喻成奥匈帝国强加给塞尔维亚的最后通牒，一下子把谁有意挑事和谁处境无辜交代得清清楚楚，因此成功获得关注。将不同传统的事物和符号进行转换对留美精英来说都是家常便饭，那句耶路撒冷的话就算顾维钧没说过，放在他身上也很恰当。[51]

在讲完了中华文明与山东的血脉渊源后，顾维钧话锋一转，开始用专业的外交论证来完善自己的立场。他首先不失风度地感谢日本与盟友一起击退了德国，肯定了前者的贡献，但他强调这笔功劳不应该用中国人的祖传领土来酬谢，更不能为此让东亚区域埋下无尽的矛盾。然后他从国际法的角度对日本的立场逐条反驳。如果说刚刚的开场白感情饱满，最能打动听众的心，那么接下来逻辑清晰、法理依据强大的辩词却最能满足在场元首和外交人士的大脑。顾维钧的论点分两部分。首先，青岛问题必须由中国和德国双边交涉，后者无权将其权益转交他者。其次，日本的论述在两点上站不住脚。第一，国际法中有一条武力胁迫条例，指的是如果有一方被迫在条约上签字，则内容不具法律效力，否则大家都可以直接用武力威逼，中国签署"二十一条"是为了避免日本入侵的无奈之举。另外，国际法还有一条形势变迁条例，指的是签约当时的情况如若发生实质性的改变，也会让其无效。中国最初与日本周旋时没有对德国宣战，但后来英勇地加入了协约国的阵营中，输出了成百上千的劳工，因此理当从德国身上收复山东的主权。

他一讲完周围马上响起热烈的掌声。王赓也一字一句听得清清楚楚，他在大学里接受过演说的训练，所以更知道顾维钧无论从发音、措辞、逻辑还是论证都是无懈可击，没有人能做得更好。这位哥伦比亚大学高才生不但让在场的中国代表感到自豪，还让威尔逊总统和英国首相劳合·乔治赞赏，忍不住起身过去和他握手。早前给中国传递消息的卫理回忆那日的场景时，说顾维钧"一口完美的英语，用沉稳、清晰、富有逻辑的争辩让大家信服他的论点。相比之下，日本代表牧野则英语很差，做报告时说话磕磕绊绊，让人替他着急"。事后各国媒体对此也都是一片叫好。国内的贺电如雪片般飞来，上至大总统、总理、外交部等政府部门，下至各省政要、公职人员、学生联合会等民间机构。日本方面则气急败坏，直接派公使去外交部抗议，可见顾维钧的演说杀伤力有多大。[52]

为了扭转局势，日本不敢再大意，开始苦思破解之策，显然关键是要如何给掌控和会的美国一击，于是便找到了两个对付威尔逊的撒手锏。一是要求各国联合发表种族平等的宣言。这一招让欧美直接陷入困境：美国有着长期剥削黑人的传统，英法也不愿放弃自己的殖民主义，但反对这项提议，则明显有失道义和公平，于是威尔逊自觉亏欠日本。更厉害的就是直接将威尔逊一军，威胁美国如果插手山东问题，日本就直接离会，不再加入即将成立的国际联盟（League of Nations），偏偏这时意大利已经愤而退出巴黎和会的谈判，如果再失去日本，那么让威尔逊心心念念、还在筹建的国际联盟则会胎死腹中。

日本的这两步棋都牢牢地击中了威尔逊的死穴。虽然他极不情愿，但苦于找不到万全之策，因而不得不屈服。于是他这样回答中国代表，首先日本的确取得了英法意的书面支持，此次和会的一个重要目的就是保护合法条约的有效性，而不是将它们按各国喜好随意推翻，导致天下大乱。更重要的是，根据日本所公布的信息来看，中国所提出的质疑难以成立，假如说在 1915 年签署的"二十一条"是受形势所迫，那为什么到了 1918 年 9 月，中国政府又签订了《山东问题换文》，再次承诺将山东的权益转交日本——当时中国已经参战，德国马上就要投降，不可能再产生威胁，不但如此，中方还在文件上写下"欣然同意"这四个字，这一切又该作何解释？

威尔逊毕竟也当过教授，如果真玩起国际法来也同样得心应手，于是就给出了这番反驳。事实上，穷疯了的北洋政府不但签署了《山东问题换文》，还就此进行了金钱交易。他们自认既然无法阻挡日本的野心，那就不如捞些实质性的好处，便从日本政府那里进账了 1.45 亿日元的巨额借款。这些钱也没有被浪费，而是被徐世昌用来做军资出兵外蒙古，收复了一百八十万平方公里的领土，但天下没有免费的午餐，拿了人家的资助就落下了口实。到了这个地步，双方已经是各执一词，无论中国代表团再进行反驳也已多说无益，因为威尔逊已经决定牺牲中国。

4 月 29 日，备受争议和数次反转的山东问题终于尘埃落定，英美法在《凡尔赛条约》里加入了 156、157、158 三个条款，将原来的山东权益全部转让给日本，意味着中国代表团所做的一切努力付之东流。一种大势已去的幻灭感弥漫在吕特蒂大酒店内。就在这时，一路跟随前来考察的梁启超火速将这个惊人的消息用电报发回国，他的儿女亲家、林徽因的父亲林长民收到后连夜写成《外交警报敬告国人》，然后在黎明破晓前送往《晨报》，在 5 月 2 日昭告天下。这篇文章虽不足三百字，却饱含热血和激愤，其中"今果至此，则胶州亡矣！山东亡矣！国不国矣！"这一句更是传遍大街小巷。因为无线电的发明，中国人首次得以对外部事物同步关注，产生从未有过的"感同身受"。王赓的母亲也是从那时候起养成了读报纸的习惯，因为新闻中可以探知与儿子有关的事态发展。

谁都没有想到这次民众不单单是掌握信息，而是直接走上了街头，高喊起"外争国权，内惩国贼""取消二十一条""拒绝合约签字"等口号。在一片呐喊声中，作为近代历史里程碑的五四运动爆发了。民意的大火也从北京一路延烧到巴黎，代表团在短短几天内收到全国上下七千多封抗议电报，大量旅居欧洲的留学生和华人团体更是亲自围堵酒店的大门，日夜聚众示威、摇旗呐喊，给代表团持续施压。

那么中国代表团还在犹豫什么？何不以最高傲的姿态甩头走人，让凡尔赛的那帮老家伙追悔莫及？偏偏从国家利益的角度考虑，拒签并非百利无一害而是有一定的负面后果。首先，日本已经把山东这块肥肉吞到肚子里，绝不会因为中国人抗议或拒签而悬崖勒马，而且这仅仅是个开始，以后一定会变本加厉，到时中国还是需要依仗国际社会的支持，因此与欧美列强就此撕破脸从长远来看并非好事。另外《凡尔赛条约》为战胜国提供补偿，可依此取消德国在中国的特权、不平等条约与租界等，如果拒绝签字也就意味着与其他福利也无缘。此外巴黎和会的重头戏是国际联盟的建立，如果中国半途退出，则意味着错过在早期时段加入的优势，难免在未来国际社会将越发位卑言轻。这些务实的分析和专业的思考与沸腾的民族感情难以协调，北洋政府的上层又态度模糊不清，这些因素都让代表团成员进退两难。尽管如此，他们也没有放弃努力，多次寻求其他妥协方案，例如在山东条里附加保留意见等，但均遭到拒绝。在无数天的煎熬后，以顾维钧为首的代表团在最后一刻决定尊重民众的感受，让裁夺的天平摆向拒签。

于是在 6 月 28 日，组织方举办了签署《凡尔赛条约》的隆重仪式，各国代表济济一堂，唯独留给中国的两把椅子空无一人，显得非常扎眼。事实上，这个曲折离奇的外交会议在结束时让所有人都失望透顶。前去签字的德国犹太外交代表在和会结束后不久就被右翼组织暗杀。日后希特勒靠着渲染犹太人的背叛和国际社会的打压就此崛起。法国的克列孟梭可以说处处展示了强硬的态度，只因他心中装着无数惨死的法国人，一说起德国就咬牙切齿，从而有了"老虎总统"的外号，尽管如此，他回国后依然被反对者攻击，被指妥协太多、没有置对手于死地。

本来这次最该无比风光、功成名就的美国也没有落得好下场。首先是内部的各种反弹。与会期间，布利斯将军当面进谏威尔逊，强烈反对在山东问题上背叛中国。他言明不论是德国还是日本，所依仗的都是武力威胁，因此毫无合法性——就算为了建立国联也不能以如此严重的失德为代价。[53] 国务卿蓝辛在他的日记里写下："在日本的贪婪面前，中国被放置一旁。对此我感到很痛心，我已经看到中国人对我们总统的诸多好感和善意即将消失殆尽。我对此无法补救，因为我给不出任何合理的解释。"[54] 美国的两个远东专家更是悲愤交加。霍恩贝克极力陈列纵容日本的各种恶果，而卫理则痛心疾首地宣称："巨大的灾难发生在我眼前……我已没脸再见中国人。

我们的总统曾承诺将站在中国身边，结果他真的做到了……他顺手把她推下深渊。"[55] 驻华公使芮恩施很清醒地警告，中国人会永远记恨美国，并不是因为美国的过错最大，而是因为对美国曾抱有最大的幻想。出于对威尔逊的不满，芮恩施不久就提出了辞职。[56] 目睹这一切的王赓也能感受到，自从威尔逊"变心"后，美国人看到他的眼神都变得充满了歉意和愧疚。王赓知道幕僚们都尽力了，所以不忍苛责，但兹事体大，他也不知如何安慰，因此之前的相聚甚欢变成了后面的沮丧失落。

这些身边人苦口婆心的劝诫还不算什么，随之而来的是来自美国国内排山倒海的批判。在各种反对浪潮中，最招非议的是国联的建立。以共和党议员洛奇（Lodge）为代表的反对派认为它不但削弱了美国的主权，还将美利坚永远带入国际纠纷的泥潭，他们也不忘攻击威尔逊本人，指责他没有咨询国会两院和民意就自作主张，所以必遭失败，还对中国的拒签非常赞赏。威尔逊眼看自家后院起火，回国后急忙前往各地发表演说来寻求民众支持，于二十二天内演讲三十七次，旅行近十三万公里，结果在路上因为疲劳和压力而病倒，不久后中风，从此健康状况一落千丈。他最后的努力也没能挽回败局，美国国会在 1920 年正式否决《凡尔赛条约》并拒绝加入国联。

很难想象缠绵病榻的威尔逊是如何目睹倾注了他一生理想的计划就此功亏一篑。1924 年他黯然离世，死前门庭冷落，风光不再。巴黎和会的失败让威尔逊彻底跌落神坛——那些曾经敬他如神灵的追随者如今纷纷视他为最大的仇人。纵览人类社会，历史似乎就是喜欢把理想主义者高高抛向云端，然后再重重摔入尘埃。生前的一幕幕在他眼前回放，他又看到了凡尔赛宫的镜厅，虽然无限豪华却感受不到温暖，还有自己的学生们，他们望着他，失望又困惑。终于，他从这副疲惫沉重的肉体解脱。

总之，这场原该彰显正义和公理的国际会议却事与愿违，让太多人感到"意难平"，但就中国的表现而论，绝不能简单地归纳为一场"外交失败"。虽然代表团在山东问题上无力回天，但他们并没有就此放弃，而是锲而不舍地寻找其他弥补的途径。首先顾维钧展开了强大的公关战，大力向海外媒体反映中国的遭遇，让西方舆论一边倒地同情中方。英美法领导人自知理亏，于是威尔逊保证日本三年后一定从山东撤退，并就此签署秘密协议，只是鉴于日本民意而不能公开，所幸这个承诺在1922年的华盛顿会议兑现，当时王赓身为接收青岛的委员会成员，亲自见证了这一刻。

中国外交家们还机敏地绕过巴黎，开拓其他协商之路：比如单独与德国进行协商，经过几轮交涉，意气消除的德国同意废除所有在华不平等条约，并支付大笔赔款，让中国得到了比《凡尔赛条约》所承诺的还要丰厚的补偿。另外，顾维钧另辟蹊径，通过修订单项协议顺利让中国加入国联，并成为这个重要国际协会的五个创始元老之一。因此，如果单从山东的归属来看，的确可以得出弱国无外交的结论。

这段难忘的历史事件给王赓的内心带来了很大的触动。一年前他的生活里还只有书本、知识、远大梦想和调皮捣蛋的小伙伴，可在短短时间里，他看到了现实中你死我活的斗争和尔虞我诈的较量。中国代表团内就浮动着研究系和新旧交通系的明争暗斗（前者以黎元洪、熊希龄、梁启超为首，较亲美；后者以曹汝霖、陆宗舆、章宗祥为代表，相对亲日)，背后有北洋当局与广州护法军政府的分庭抗礼。五位代表之一的王正廷就是南方委派的，他拉拢施肇基，时常对陆征祥和顾维钧提出质疑。这些内部关系已经非常错综复杂了，在谈判过程中，列强又都是各怀鬼胎，再加北洋上层的犹豫不决，以及舆论和民意的压力，让人剪不断，理还乱。

原来书本里的题目无论多难都会有答案，而人与人、国家与政治的问题，似乎无论多努力都未必有解。陆征祥最能体会世事的难测。性格柔和、不恋权势的他时常被各方势力逼得进退两难，被迫频频道歉请辞，周围人好几次都看到他眼眶含泪。和会结束后，他退出外交舞台，一心照顾自己的生病的妻子，一个比他大十六岁、让他无比幸福的比利时女子，等她去世后，陆征祥直接出家当了神父，可见对世事的心灰意冷。个体的渺小和无奈也是王赓需要面对的问题。可是他同时也看到，就算结局事与愿违，尽力而为也远强过坐以待毙。比如顾维钧没有替中国据理力争，日本就可以更加威武；如果威尔逊没有提出"公理和正义"并组建国联，那么帝国主义和军国主义就会更加嚣张。前途漫漫，中国还有很长的路要走，少年壮志，他还有很多事要做，于公于私他都不能灰心。

在诸多不如意的世界格局下，依然流淌着真挚的个人情感足以带给王赓安慰。有一日，他走在巴黎街头，结果正面走过一个身着美式军官装的青年男子，王赓停下上去打招呼，发现对方竟然是西点人，比他早了几届。他乡遇同门，两人激动得有如失散多年的兄弟，去酒吧好好喝了几杯叙旧。这位斯蒂斯上校（James Gordon

Steese）在自己回忆录里感慨着这一晚奇妙的缘分，让他认识了这个素未谋面的远东师弟。在巴黎，王赓还见到了普林斯顿的老同学埃弗里特·弗兰克，他们感情一直很好，堆积在心中的种种困惑和失落总算可以对往日的好友倾诉。弗兰克一直感怀那次的重聚，多年后联系了祖父的家人，还特别提起在巴黎共度的时光。此外，虽然中国代表团在此次饮恨而归，王赓却通过这次出访收获了他生命中的三位贵人。第一位就是以在野的身份考察和会的民国大学者梁启超，第二位就是文武双全的蒋百里，第三位就是中国代表团的首席军事长官、王赓的顶头上司唐在礼。他们三个背景专长各异，却都非常欣赏王赓这个为人谦和有礼、内外兼修的二十三岁年轻军官，梁启超把他收作自己的弟子，蒋百里成为了他一生的兄长，而唐在礼则成为了他的媒人。

因为这三个人的关系，王赓将被卷入一场轰动近代中国文学史的惊世之恋。

第二章　佳人佳期

——轰动京城的婚礼

这段情感故事的女主角就是唐在礼的干女儿，名满京城的贵门千金陆小曼。而故事的男主角则是梁启超的爱徒、蒋百里的至亲好友、中国白话诗的先驱徐志摩。命运女神带着戏弄的眼神将三人聚在一起，让他们上演一场浓烈的爱恨情仇，然后大笔一挥，让他跑一圈龙套后把他送下舞台。

这件事当时轰动了整个中国，直至今日依然被大众津津乐道。在事发不久，那两个被爱神之箭射中的男女主角将他们的大量书信、日记和诗歌公布天下，用缠绵的文字歌颂了他们"冲破枷锁"的伟大爱情。而王赓却一直保持沉默，面对众多媒体的追问也只字不提。

如今整整一个世纪过去了，无声无息的王赓也迎来了一本以他为主的传记，这样一来，那段轰动一时的"风流公案"将不再遗漏任何人的视角。尽管如此，接下来的回顾并不涉及不为人知的惊爆内幕，因为祖父本人早已在一次又一次的避而不言中选择将最隐私的情感秘密带入尘土。

从法国归来后，王赓回归本职，马不停蹄地投入到陆军部的工作中。1919 年年底，他被刚创建的中华民国航空局任命为委员。在过去几个世纪，西方掌握了铁路和航海，因此一路高歌猛进，如今新一轮的航空技术革命即将来临，沉睡百年的华夏是否能在天上奋起追赶，关键在于人才与技术的引进。好在这方面起步虽晚，但一直受到重视。早在 1910 年，离故宫只有十四公里的南苑机场在北京建成，比全世界最早的美国机场（College Park）只晚了一年，比日本的第一个军用机场还早了一年。王赓加入航空局的第二年，也就是 1920 年，第一条民用京沪航线中的京津段试飞成功，并于 5 月投入运营，此后从首都市中心到天津赛马场的时间缩短至仅仅一小时。与此同时，中国最早的民间航空团体"中华航空协会"成立，第一份航空期刊《航空》问世，南苑航空教练所正式改名为航空训练所。这几件盛事让中国的航空事业火速崛起，王赓作为航空局的委员、《航空》杂志的主编和航空训练所的教练，致力于把美国学到的最新技术转化在本土的运作上。

除了繁忙的军政工作外，王赓也不忘抽空参与知识界的盛事。当时的北京有如古代的雅典，是一个艺术家、思想家和学者自由发展，相关组织协会与刊物独立运营的乐土，因而呈现一个繁华的人文盛世。梁启超就是这方面的重要领军人物。一趟巴黎和会的考察让他目睹了欧洲战后的满目疮痍，见证了列强对理想的背叛，还遭受了国内政敌的污蔑，可这些打击却没有让他对放弃救国的希望。一番反思后，他决心推动文艺复兴：不以短期效果为目标，而是从长远为中华培养崇高人格。1920年9月，他与汪大燮、蔡元培、张伯苓、林长民等建立了"讲学社"，广邀世界名人前来为华夏输入"先进血液"和新生命力。讲学社的第一名嘉宾就是大名鼎鼎的罗素，一位光芒不亚于明星的哲学家。当时北京大学做过一次问卷调查，所问之题为："中国之外谁是世界上最伟大的人？"参加者1007人，结果是列宁第一，威尔逊第二，第三名就是罗素。罗素是一个真正意义上的博雅大家，虽然他的领域是哲学和数学，却凭借优美的文笔和洞彻的见解斩获诺贝尔文学奖。他也是一个对其他文化充满好奇的人，认真读过《老子》和《庄子》，后来还去过俄国，与列宁有过一个小时的对话。除此之外，他将一身的荣誉和学问投入到对真理和正义的追求中。在"一战"期间他不顾个人安危，大胆跟政府唱反调主张止战，结果被剑桥开除教职，还坐了六个月的牢。无论威望和学识，罗素都是知识界的楷模，当年徐志摩就是他的狂热信徒，为了追随他最后连美国哥伦比亚的博士都不读了，直接跑去英国，虽然扑了个空，也因此意外认识了林徽因。

讲学社能请到罗素作为首位嘉宾真是何其有幸。作为创办人梁启超的弟子和关注世界局势与文化交流的博雅之士，王赓自然要共襄盛举，于是就留下了这幅珍贵的影像。

蒋百里与王赓相识于巴黎，两人的研究领域都是国防，且都富有文人气息，从而成为知音。蒋百里一直是梁启超的左右手，因此负责讲学社的运作和管理。站在王赓左边的是赵元任，比他早一届

图 2.2.1：这张照片摄于 1920 年 9 月，前排右起为罗素、他的伴侣勃拉克、蒋百里。后排右起为孙伏园、王赓、赵元任、瞿世英。

的留美庚子生，与胡适一起前往康奈尔的好朋友。1915 年赵元任和其他康奈尔留美学生一起创办了中国科学社（Science Society of China），是近代中国历史上第一个民间科学团体。同年他考入哈佛读研，1918 年获得博士，后获得奖学金访问芝加哥大学和加州大学伯克利分校，回母校康奈尔任教一段时间后，他被清华大学聘用，于1925 年加入新建立的国学研究院，成为赫赫有名的"清华四大导师"之一。文理皆通的他被一致推荐为罗素的翻译（赵元任在哈佛学的专业就是罗素专精的数理逻辑），一行人员离京时赵元任请王赓为他暂代一年清华的课程。王赓欣然同意，他拿着好友留下的教学讲义，再次回到母校，以前一贯在讲台下聆听的学生如今又站到了传道授业的讲台上。而离职在外的赵元任在陪罗素走访全国各地的路上，迅速学会了杭州、南京和长沙的方言并在现场运用，可见他被称为"中国语言大师"的确名不虚传。

后排最右边的是民国有名的副刊编辑孙伏园，经他的手，鲁迅的《阿 Q 正传》、冰心的《寄小读者》、周作人的《自己的园地》等文章得以发表。瞿世英是著名的哲学家和教育家，于 1926 年留学哈佛，成为 20 世纪上半叶唯一取得教育学博士的中国人，后半生致力于乡村平民教育。照片中的这些人可以说是呈现了一个 20 世纪初国际文化精英的缩影。虽然大家来自不同领域和背景，甚至还跨越了国界，但都不妨碍彼此相知相惜。就是这个特殊的书生群体，以各种思想和文化的探索交流为后世之人留下一片绚丽的文化江山。

同年，照片里的孙伏园与瞿世英、茅盾、郑振铎、许地山等人发起了中国文学研究会。这个协会是五四后的首个新文学社团，其宗旨是介绍世界文学、整理旧文学和探索新文学。王赓是其中最早的会员之一，编号是 34 号。后来在文学上风生水起的瞿秋白和徐志摩的编号分别是 40 号和 93 号。

1921 年 6 月 1 日，让王赓帮他代课的赵元任与三十二岁的女博士杨步伟正式成为伉俪。两人在罗素造访期间就谈起了恋爱，有一次赵元任因为和杨步伟聊天把罗素给忘了，等两人赶过去，礼堂里已坐满了人，罗素尴尬地站在讲台上，却无法开口，老先生看到赵元任姗姗来迟，忍不住低声抱怨"bad man, bad man！"（坏人，坏人！）引得哄堂大笑。赵元任和杨步伟都是不顾世俗眼光、喜欢"改革旧俗"的自由人士，于是在结婚时没有任何拜天摆酒宴进教堂之类的传统仪式，而是选择自己照相，印通知，并在吉时打电话邀好友胡适与朱徽来吃饭，随后拿出准备好的证书让他们签字。但凡对赵元任娶的这位夫人有些了解，就不会对这些古怪的做法感到惊讶。杨步伟在自传里这样形容自己的成长经历："我把（幼时家中所订的）婚约给破除了。我还没入大学就做了校长。我加入过革命，也逃过多少次的反。我看过好几百人的病，也接过好几百小孩的生……"有如此丰富的经历与见识，也难怪这位勇敢独立、事业优秀的新娘毫不畏惧世俗的眼光而刻意摒弃繁文缛节。第二天孙伏园主持的《晨报》用大号标题《新人物的新式结婚》来报道婚礼，让众人见识了文化人有多别出心裁。亲朋好友们在事后才收到他俩当日寄出的结婚通知书。上面告诉大家："赵元任博士和杨步伟医生已经自主在西历 1921 年 6 月 1 日，下午三点钟，东经一百二十度平均太阳标准时在北京自主结婚。"另外注明，为了要"破除俗陋的虚文和无谓的繁费的习气"，贺礼一概不收，但有两个例外，一个是"抽象的好意"，还有就是对中国科学社的捐款。[57]

由此可见，这个中国科学社对夫妇两人至关重要，宁可自己不收彩礼，也希望周边的人鼎力支持。婚后这对新人第一次以夫妻身份举办的活动就是宴请当时科学社的北京成员来家中小聚，地点就是两人的新居小雅宝胡同 49 号。幸好那里的屋顶花园可以坐下二三十号人，而且看出去风景宜人。那次的聚会合影里出现了王赓，此外还有丁文江、蒋梦麟、胡适、梅贻琦等一众民国知识分子。

赵元任这名优秀青年在二十九岁那年成了家，转身就把高龄留

①王赓（受庆）
②丁文江（在君）
③萬兆芷
④張慰慈
⑤王繩祖
⑥關漢光
⑦蔣兆賢（夢麟）
⑧胡適
⑨趙元任
⑩楊步偉
⑪梅眙琦
⑫陳長蘅
⑬戴志騫
⑭楊光弼（夢賚）
⑮顧振（湛然）
⑯金邦振（仲藩）

图 2.2.2：1921 年的科学社聚会。

美单身汉这个头衔留给了王赓，虽然那年他也就二十六岁，但按照过去的标准已是大龄。环顾四周，他的同行，如胡适、顾维钧、蒋百里等人都已成家，小他两岁的徐志摩此时已是两个孩子的父亲。上司唐在礼看在眼里，急在心里，王赓就一直在其手下做事，每天从津浦铁路和道路安全操心到航空事业，终身大事却一直没着落。可什么样的女子可以配上这位西点高才生呢？唐在礼一拍大腿，忽然想到了自己的好友陆定夫妇，他们的女儿陆小曼是他看着长大的

125

干女儿，如今刚到谈婚论嫁的年龄，如若此事能成，岂不两全其美，胜造七级浮屠？

若从家庭条件而论，王赓和陆小曼有些像寒门书生和富家千金，但从阶级背景来看，两人的出身其实非常接近，都是来自文化底蕴深厚的江浙簪缨名门。所不同的是陆家在清末抓住了时代转型的契机，陆小曼的父亲陆定很早就走出国门，前往日本就读早稻田大学，成为了日本名相伊藤博文的得意弟子。不仅如此，留日期间，陆定还参加了孙中山组织的同盟会，成为进步的革命骨干，回国后在大多数人还不懂经济为何物时建立了中国第一家商业储蓄银行。这些经历带给陆定开阔的眼界和丰厚的资本，让陆家在民国初期青云直上。相比之下，王家的上一辈依然循规蹈矩地走着科举读书的老路，因此难免落后于时代，所幸下一代作为长子的王赓用功好学，又搭上了留美的便车，因此重振门楣指日可待。

从陆家的角度来看，王赓出身上的一些不足反倒是变相的优点。比如王家虽家道中落，却让王赓格外勤奋刻苦，也没有纨绔子弟养尊处优的毛病。王赓底下弟妹众多，作为长兄他需要照顾一大家子，但也因此更加成熟懂事。在让无数女子在婚姻中受尽委屈的公婆关系上，陆家也无须担心。王赓的父亲王甄如在1919年过世，因此家中大事从此都由王赓这个大儿子做主。王赓的母亲通情达理、开明豁达，又和陆家一样祖籍常州，因此容易相处。还有最重要的一点是别人比不了但又极为关键的，那就是王赓至此既没订婚也未成过亲，是一个历史清白、货真价实的单身王老五。当时的名门闺秀如宋家二姐妹所嫁的夫婿都是有过妻子的，虽然从政治联姻的角度来说是嫁对了人，但对疼惜女儿的传统父母而言总会觉得抱有缺憾。当年海外归来的单身男性可以说是镀了一层金，非常抢手，这点可以参照钱锺书的《围城》。原因也简单，因为这类人数量有限，在20世纪20年代更是僧多粥少，且大部分都在父母的催促下早早完成了终身大事。至于王赓为什么如此反常，年近三十还孑然一身，就不得而知了。一方面可能是因为他出国时才十六岁，彼时定亲还过早，另一方面，母亲对他非常信任，不会因为自己缺乏安全感而逼他早早成亲，把他拴在身边。

这些综合因素让陆小曼的父母，尤其是她的母亲吴曼华，对王赓非常中意。吴曼华是个精通琴棋书画的名门闺秀，与丈夫陆定有过九个孩子，但除了排行第五的陆小曼外，其他都不幸早夭。虽然家中没有男丁延续香火，但陆定没有像同辈的梁启超、林长民那样不声不响地纳妾入门，而是视太太和女儿为珍宝——小曼的"曼"就是来自母亲的名字。这位地位尊贵的丈母娘对成熟稳重、少年有成的王赓一见如故，喜欢得不得了。身处北京的上层社会，吴曼华很快意识到京城的精英圈里丝毫不缺像她这样看好王赓、想招他做乘龙快婿的丈母娘。

因怕横生枝节，陆母决定速战速决。在她的积极推动下，两家在婚事上一拍即合，仅一个月后王赓便在一片惊讶和羡慕声中抱得美人归。北京的各大报纸对此送上《一代名花落王赓》的标题。虽然准备时间短促，可这对新人没有像赵元任和杨步伟那样抛弃繁文缛节。恰恰相反，陆家就是要让女儿风风光光地出嫁，让天下人都赞赏这件喜事。

1922年10月10日国庆日，京城沉浸在一片秋日的暖阳中。从高处俯瞰，延绵不绝的四合院和富丽庄严的殿府在蓝天的映衬下相映生辉，火红的枫树和金色的银杏在微风中旖旎摇摆。这幅优雅端庄的画面几乎让人暂时忘却古都经历的百年沧桑。一大早位于城中心金鱼胡同内的海军联欢社（现为和平宾馆）就张灯结彩，喜气洋洋。这个气派又私密的高端场所今天举办的不是招待政要外宾的宴会，而是一场极其隆重的私人婚礼。新郎是美国毕业、前程似锦的陆军上校，新娘是享誉京城的上流名媛，这对郎才女貌的结合轰动了北京城。当天出席婚礼的中外贵宾就有几百人，前来看热闹的市民更是人山人海，把胡同的大门挤得水泄不通。那年大操大办喜事的还有末代皇帝溥仪，他的大婚同样成了一个众人津津乐道的话题，可见时代虽然不同了，但在很多传统老派人士心中，婚姻依然是头等大事，马虎不得。

与皇室婚礼不同，王赓选择的日期是中华民国的诞生日，地点在北洋政府机关，可见他对民主共和时代的认同。照片里他头戴圆筒军帽，身穿挂着穗肩和勋章的军服，双手摆放在竖插地下的军剑上，但流露出来的并非武士的威风和霸气，反而有些书生的拘谨和严肃。面对如此奢侈豪华的阵仗，家境没落、自小在外拼搏的王赓多半会有些忐忑。按照他的性格，恐怕更多在忧心往后要如何上进才能不辜负身边娇美的妻子和对自己寄予厚望的岳父岳母。

新娘陆小曼可不是另一个像杨步伟那样成熟独立、事业有成的先锋女性。说到底她才十九岁，如此浪漫考究的婚礼才符合她的少女情怀。据说那日光伴娘就请了九个，其中不乏北洋政要的千金，比如曹汝霖、章宗祥、叶恭绰以及赵椿年的女儿，此外还有金发碧眼的外国女宾。这些小姐为了亮丽出场专门定制了礼服，她们带来的时装盛宴让评论家从此不敢轻言北京的摩登程度落后于上海。照片里新娘的穿着也能看出她非凡的背景和国际化的教育。陆小曼毕业于闻名京城的法国女校圣心学堂，高中时期就被邀请在外交部帮忙接待要宾，对西方文化的吸收充分反映在她

图 2.2.3：北京《世界画报》刊登的王赓、陆小曼结婚照。

身上的白色婚衣，手中的鲜花，还有裙子与披风上，因为这些舶来元素在 1922 年非常罕见也非常新潮。陆小曼身上最富有创意的还是那顶遮盖额头、两边下垂的发饰，现在看来未必有多惊艳，但仔细观察就会发现它结合了古代的凤冠和基督教的婚纱。这种风格独特的头饰在文艺女性林徽因和冰心的婚照里也能看到踪影。光从这个细节里就能看到陆小曼独树一帜的审美和无惧众议的性格。

童话般的婚礼给这对新人开启了一段新婚燕尔的美好时光。起先对这个父母为她精心挑选的如意郎君，陆小曼也挑不出任何毛病。

毕竟她身边看着他长大的人都对新郎夸赞不已，更何况王赓阅历深厚，文武双全，谈吐儒雅，的确很容易让人倾心。两人婚后住在一栋独立的四合院里，据说里面贴着墙纸，王赓几个幼小的弟妹记得这个年纪比他们大不了几岁的嫂子喜欢吃草莓和奶油，很有派头。在无锡市中心，还能依稀找到王家小娄巷嘉乐堂的旧址，祖宅旧房1995年后被拆，原址改建为公安司法办公大楼，唯一留下的"痕迹"是街上一栋装修精美的现代洋房，被称为小曼园，是一家接待年轻人的高级西餐馆，据说是当年陆小曼随王赓返乡探亲时的居所。

当年这对才子佳人一开始关系相当和睦，凭证就是因两人而促成的另一段姻缘。原来陆家长期以来有一世交叫金奎，是美国留学归来的工程师，和陆母和王赓母亲一样都是常州人。陆小曼婚后看到丈夫的长姐王畹兰还未婚配，就热心地把金奎和大姑子撮合在一起。王赓看到这个青年和自己一样勤奋上进，又同样在美国受过良好教育，也非常赞同。于是双方在亲人的鼓励下成就秦晋之好，这下王家最大的两个高龄子女都成双成对地成了家，可谓双喜临门。

婚姻有了美好的归宿，王赓的事业也在平稳有序中不断发展。1923年5月6日发生了临城劫车案发生，有三十九名外国人和二百多名中国人被土匪绑架，一时闹得沸沸扬扬，甚至有列强提出了出兵中国的口号，因而成为继义和团运动以后中国最严重的涉外事件。为此北洋政府高度重视，急忙召开会议讨论措施，在用人之际，一向被倚重的王赓被任命为交通部护路军副司令[58]，铁路警备事务处副处长，同年，以二十八岁之龄晋升陆军少将。

这一头，王赓一步一个脚印，不断攀登事业的高峰，而那一头，另一名主角已悄然靠近。1922 年年底，徐志摩突然挥别康桥回到中国，其中的原因众说纷纭，有人说他在追随林徽因的脚步，也有人说他受梁启超的邀请回国一起推动文艺复兴，总之命运女神已经为这三人准备好了一台好戏，她那只翻云覆雨的手开始朝他们召唤。

时间推进到 1924 年，梁启超所创办的讲学社又迎来了一位尊贵的来宾。在这之前讲学社已接待了英国哲学家罗素、美国学者杜威、德国生机主义者杜里舒，连爱因斯坦都差点成为座上客。第四位接受讲学社邀请的国际人物名气绝不输前面任何一位，他就是享誉文坛的印度诗圣泰戈尔——第一个获得诺贝尔文学奖的亚洲人。二十年前已有大量介绍泰戈尔的文章和其作品的中译本和节译本，包括诗人王独清和作家郑振铎翻译的整套《新月集》。也难怪泰戈尔如此受中国人的欢迎，这位印度诗人深懂华夏的传统美学，因此他的英文诗中蕴含着一种东方特有的含蓄、秀美和空灵。他对中国的热爱也表于行动，早在 1881 年，才二十岁出头的泰戈尔就在英国发表了著名论文《在中国的死亡贸易》，严厉谴责英国往中国倾销鸦片的行径。1916 年，泰戈尔受邀访问日本，在东京大学公开谴责日本对山东的侵略。他的才情和事迹让他广受中国读者的青睐，其中就包括了民国第一大诗人徐志摩。上一任的讲学社嘉宾杜威来华时，他的弟子胡适处处为老师卖力宣传造势，如今泰戈尔造访，他的首席信徒徐志摩以跟班的形式一路追随。对于自己的偶像，徐志摩将其比喻成历朝历代所敬仰的泰山，并留下这样的诗句："一方的异彩，揭开满天的睡意，唤醒了四隅的明霞——光明的神驹，在热奋的驰骋。"

第三章 金风玉露

——眉眉，这怎么好

在接待泰戈尔的过程中，同为梁启超弟子又是蒋百里的宗亲、并全程担任翻译的徐志摩，与王赓相识了。1924年4月24日，泰戈尔乘火车从济南到达北京东站。梁启超和徐志摩陪在他的左右，前来迎接的有蒋百里、林长民、陈西滢等，还有北大师大各校师生，各类代表，英美日印度各界人士，共计四五百人。[59]因为人太多，王赓专程派出警车导路护航，才顺利把贵宾从东长安街送至北京饭店。恰逢5月8日泰戈尔六十四岁生日，北京的整个文艺界在协和医院礼堂为他祝寿。这个精心设计的活动无处不透露巧思。比如此次典礼的主持人不是什么政府要员或达官贵人，而是知识分子公认的领袖、朋友遍天下的胡适。赠送给泰戈尔的礼物也并非奇珍异宝，而是一些中国画和一枚印章，上面刻着"竺震旦"——这是梁启超特地为泰戈尔起的中文名字，"竺"是中国对古代印度的称呼，而"震旦"又是古印度对中国的称呼（印度佛经中有这样记载："东方属震，是日出之方，故云震旦。"），这三个字拼在一起象征着两种古老文明交会。当晚的压轴好戏是一部特殊的演出——根据泰戈尔作品改编、用英语上演的爱情剧《齐德拉》。[60]此剧的细节如今已无从知晓，但仅凭出场的名人就足够让它载入史册。

徐志摩当仁不让出任编剧，他周边的一圈新月社社友也纷纷参与其中。导演为近代中国话剧事业的开拓者张彭春，他和王赓一样是庚子生，同为哥伦比亚校友。一代才女林徽因扮演女主角公主齐德拉，设计舞台布景的是她的未婚夫、梁启超的公子梁思成。配角有作家张歆海（演阿朱纳王子）、林徽因的父亲林长民（扮演瓦森塔）。跑龙套的有军事专家蒋百里、剧作家丁西林（扮演村民）和教育家袁昌英（扮演村姑）。就连观众也不简单，有专门赶来一睹风采的鲁迅——虽然他与新月社的一干人等并不投契。此外还有集传统艺术之大成的梅兰芳，他还借机邀请泰戈尔观看了自己编创的《洛神》。

这边礼堂内台上台下众星荟萃，冠盖云集，让人叹为观止，谁知这礼堂外也有一道独特的风景：一位风姿绰约的女子在大厅忙着照顾来宾和观众。她容貌出众，衣着优雅，举手投足间流露出迷人的神采，明明只是一个志愿者，却如明星般耀眼，这个人就是刚刚加入新月社的陆小曼。那晚她负责向观众发送售价一元的节目演出册，但有些人不愿意花钱便直接将小册子扔到地上，惹得她发起了脾气，结果好多人连忙放下手中事跑过来安慰。

那一次应该是陆小曼和徐志摩两人首次出现在同一空间内，但就算美艳如前者，也留不住后者的眼眸，因为当时徐志摩眼里只有一个人的身影，那就是台上的女主角林徽因。不光是他，在场的观众都被舞台上的公主所吸引，事后媒体更是发文称赞林徽因的才华和魅力。可谁又会料到，这位女主人公很快就会被场外的陆小曼所取代——她和徐志摩不久在新月社同人聚会上演唱《春香闹学》——诗人那颗漂泊的灵魂也终将在茫茫人海中遇见可以停靠的港湾。

转眼到了 5 月底，泰戈尔离华。这段日子虽然令人难忘，却也留下了伤痕。原因是泰戈尔在中国的演讲中没有讨论自己的诗歌，而是对不同文明进行了比较。泰戈尔认为近百年来的西方在物欲横流中沦陷，只有东方传统文化的审美和智慧才能拯救世界。用他的话来说就是，"幸福便是灵魂的势力的伸张……把一切精神的美牺牲了去换得西方的所谓物质文明，是万万犯不着的"。按理说，这套追捧亚洲文明的主张应该得到国人的赞赏，但以陈独秀为首的唯物主义知识分子认为，中国就是要追求科学和民主，而泰戈尔"误解科学及物质文明本身的价值"，他所推崇的精神之"美"及所配套的"爱和包容"不仅毫无用处，还将东方民族解放运动引向错误的道路。因此陈独秀对泰戈尔的言论大肆鞭挞，撰写文章称泰戈尔在北京未曾说过一句正经话，只是和清帝、舒尔曼、安格联、法源寺的和尚、佛化女青年及梅兰芳这类人，周旋了一阵。最后竟大骂："泰戈尔是一个什么东西！"[61] 更有闹事者在泰戈尔讲演时在会场散发攻击他的传单，这让诗人的心情沉重，也让在一旁的徐志摩和梁启超等痛心疾首。

谁能想到陈独秀曾经也是一个被美和爱触动过的"文艺青年"，

早在 1915 年，他就在《新青年》的前身《青年杂志》上翻译过泰戈尔的《赞歌》，是泰戈尔作品的第一位中文译者，并且称其被"印度青年尊为先觉"。但在革命思想的影响下，他转眼化爱为恨。不过新月派众人用温和友善的方式接待了这位印度智者。十七年以后，泰格尔在八十大寿时，又回想起当年在北京的那场别开生面的生日宴会，此时最爱他的素思玛——也就是他送给徐志摩的称号[62]——已经去世十年了。[63]

回忆往事，不胜唏嘘，他写下了这几句诗：

> 在承载我多年生日的酒杯中
> 我依然记得，从很多朝圣路上收集来的灵水
> 有一次我踏上了中华之途
> 那些我之前没有遇见过的人
> 将友谊的印记按在我的额头
> 他们将我称作自己人[64]

泰戈尔返回时取道日本，按照"十八相送"的礼节，徐志摩也一路陪同至东瀛。道别之际，徐志摩问他有没有什么东西留在了中国，老人惆怅地回答："我的心。"

到了 6 月，林徽因和未婚夫梁思成一同出国前往美国宾夕法尼亚大学学习建筑。短短时间内，那个书写美的老人和另一个美的化身都相继离开，徐志摩的天空顿时一片黑暗。

在这段失落的日子里，他跑到各种朋友家躲避寂寞，也包括王

图 2.3.1：泰戈尔等人在北京景山庄士敦家门口合影。

赓的家中。那年 11 月 13 日，他在《晨报副刊》上发表了一首译诗，在序里提到："王受庆再三逼迫我要我翻哈代的这首诗，我只得献丑……这并不是哈代顶好的诗……只要王受庆看了哈哈一笑就得！"事发前几天，王赓加班到很晚才回家，一进门佣人说徐先生来了一会儿了，太太出去看戏了，家里没人，他一人坐在客厅里。王赓已经习惯了徐志摩晚上到访，志摩和小曼一样都是夜猫子，太阳下山后反而像吃了仙丹一样神采奕奕。徐志摩看到王赓进来便大叫"受庆，你怎么会有这本书"，王赓看到他手中拿的是《哈代诗作 1912—1913》，这是一本他精挑细选、千里迢迢从美国扛回来的书籍之一，确实对其情有独钟，连小曼也甚是喜欢。徐志摩也不等他回答，马上兴奋起来，眼睛一闪一闪地，说他将来一定要亲自杀到哈代的英国住所去拜访本尊，他断定这是一个和蔼可亲的老人，洁净的脸，穿着短裤便服，在人群中独自骑着自行车，穿越月光和晨曦，在古罗马的旧道上，冥想数千年前铜盔铁甲的骑兵曾经在这日光下驻足，或独倚在枯老的大树下，听乡间青年男女的笛声琴韵和欢欣。王赓惊叹徐志摩丰富的想象力，一说到什么马上就能用语言编织起详细的画面。徐志摩的诗他是读过的，虽然有一部分非常唯美，但同时也有一部分讽刺现实和悲叹宿命。这与哈代凝重厌世的文风遥相呼应。徐志摩恐怕自己也没有料到，在他失意和落魄之际，还能在身边遇到懂得他为什么那么崇拜哈代的人。更不为人所知的是，徐志摩早年接受的教育也是综合的人文培养。当年他还没做诗人时，为了救国救民也曾用军事化生活来锻炼自己的意志，所以和这个师兄还是有不少共同语言。王赓看到天色已晚，一半戏谑一半认真地交给他一个任务，让他快回家去翻译哈代的《两位太太》，徐志摩一半推却，一半从命。他们两人都还不知道，这首诗里所呈现的多角恋、婚外情，还有意外死亡，在哈代的语言中略带幽默，但在现实中会有多凄凉并且竟然有一天也会出现在现实中。

因此，从 1923 年到 1924 年这段时间里，王家的书房里多了一个热情似火的诗人。但关起门来，王赓和陆小曼的感情已坠入冰谷。事情的导火线是王赓决定出任远在东北的新职务。在 20 世纪二三十年代，东三省的发展程度在全国遥遥领先，连长三角地区都甘拜下风。作为黑龙江省省会的哈尔滨更是当年繁华的国际化大都市，不但吸引了大量移民，还在工业规模和城市化水平上可圈可点。季羡林、徐志摩、林徽因等名人在前往欧洲的路上都曾途经这座城市，并感叹它的开放和发达。哈尔滨的崛起，很大程度得益于 1897 年修建的中东铁路（亦称东清铁路），这条现代化的枢纽将欧洲与中国北方相连，但也因为所涉利益巨大而成为各国争夺的目标。1924年，中苏两国签署了共同经营中东铁路的协议，但安全隐患依然存在。王赓抵达东北后被任命为哈尔滨警厅厅长，所负责的就是城市治安和铁路警卫。推荐他这份职务的是他的学长，西点军校的第一个中国留学生温应星。要知道北洋政府里本土派系林立，王赓的留学简历虽然在纸面上非常漂亮，但真正能依靠的资源人脉还是北美的校友网，因此他曾担任过西点军校在中国的联系人，同时也经常出入普林斯顿在北京的中国中心，以保持和两所母校的关系。在1924年，奉系的张作霖打赢了北洋的直系，权力的中心往东北转移。温应星通过一位美国西点同学的举荐成功当上了张作霖的军事顾问，他发达后也不忘提携比自己晚几届的无锡学弟。如此难得的机会王赓自然不能轻易放弃，更何况这份工作与他的特长非常对口。因而自1923年起，他被任命为铁路警备事务处副处长、交通部护路少将副司令，最后升为哈尔滨警厅厅长。

陆小曼随王赓前往哈尔滨，可是她没几天就受不了那里天寒地冻的气候，也开始想念娘家。虽然当地民众视她如明星，还把有她照片的海报贴在墙上，随处可见，但这份热情没能留住她，没多久后她就逃回了北京，从此夫妻俩聚少离多，感情上隔阂越发严重。比两地分居更致命的是两人南辕北辙的婚姻观和生活喜好。陆小曼平日里喜欢跳舞、打牌和听戏，常常一觉睡到日上三竿，家务琐事全都丢给佣人。她渴望自己的另一半全部心思都放在她身上，每天想方设法地逗她开心，而王赓则希望在事业和婚姻之间寻找到平衡点，他深信只有有所建树，才是真正对妻子和家人最好的爱。

作为一个受过美式文化洗礼的人，王赓对各种娱乐活动，例如跳舞、看电影、宴会等都是轻车熟路，他不是一个木讷无趣的书呆子，完全有能力同时也乐于满足文艺女性的喜好。根据好友王天鸣回忆，王赓虽然平日里不是在处理公务就是手不释卷，可一旦到了假期和周末，他就会尽量抽时间陪妻子消遣，甚至为了热闹还拉上朋友，于是两人常常和三五好友一起去六国饭店跳舞，或游西山，或看京剧，还一同参加了新月社等等。正是因为有这样频繁的社交活动，徐志摩才能轻而易举地走入他们平等又开放的生活。

因此，王赓谈不上是夫权代言者。恰恰相反，他处处表露出对另一半的尊重和信任，并因为自己公务太过繁忙而心存愧疚，希望他不在时能有人照顾年轻的妻子。当然王赓就算再开明也有一定的底线，比如他不支持小曼独自去歌舞厅，因为那种地方鱼龙混杂，一个身边没有男人保护的美丽少妇尤其容易惹上是非。有一次，富家千金唐瑛请陆小曼夫妇吃饭，王赓有事无法赴约，但是他提醒小曼不要单独去跳舞，后来他又临时空出时间前来，在唐家门口看到几个人在教唆陆小曼："我们总以为受庆怕小曼，谁知小曼这样怕他，不敢单独跟我们走。"边说边拉她往外走。王赓见此气得大声质问："你是不是人，说好的话怎么不算数？"旋即拉她回家，周围的乌合之众见此情形都一哄而散。陆小曼为此面子上挂不住，和王赓大吵一架后，第二天就赌气跑回了娘家。气头上的她自然没有时间体谅平日里包容她的丈夫也有被惹怒的时候。实际上，王赓十六岁便一人在外独立生活，多年来高度自律，军人又极度讲究纪律和信誉，因此看到自己的枕边人如此草率涉险，还出尔反尔，自然会瞬间发脾气。[65]

替王家做事的佣人看得最清楚：太太不爱独处，因此经常有各种宾客前来聚会，先生对此从来没有介意过，也丝毫没有男女之防，甚至有时还把自己的异性朋友介绍给她。就是因为如此，新婚之后的"王太太"并没有退出公众社交圈，反而活成了胡适拉着刘海粟去见识的"京城一道不可不看的风景线"。佣人对此是看不懂的，可是先生太太的朋友们在一起谈笑风生，聊一些书啊画啊，还不时讲起叽里咕噜的外国语言，没人觉得不妥，这可能就是新派的世界吧？再到后来出现了一个徐先生，他每次来的时候都扑着粉，一张长脸看上去煞白煞白的。先生不在的时候，他一待就是一整天，专门陪太太打麻将或聊天。连习惯了"新鲜事物"的佣人都不禁暗暗嘀咕，这个人似乎有些不太对劲，但先生非常宠爱太太，作为佣人又如何随便置喙？

在陆小曼心中，那原本被世人看好的天作之合什么时候起坠落神坛，跌入泥中，摔得七零八落，外人无从得知。但是她在公开发表的文字里对自己的处境充满了哀怨和不平，丝毫不顾及这些隐私一旦公布后对王家的影响。她在忆文中讲到，王赓是母亲当初替她选中的如意郎君，可结婚后却发现自己"痴长了十几岁的年龄""稚童一般迷糊"，根本不懂男女之情，直到遇到徐志摩，才被"那双放射神辉的眼睛照彻了我内心的肺腑""像乌云里见了青天"。陆小曼说得很明白，她和王赓之间从来不曾有过爱，两人的结合是"人世间最痛苦的事"。[66]

陆小曼对于这个丈夫不屑一顾，那王赓又是如何看待她的呢？除了夫妻的情分和义务外，他到底爱不爱这个小了他八岁，迷倒众生的绝世佳人？

答案是肯定的。

首先，陆小曼绝对美，而她的好看远远超出躯体，而且是众口皆碑，更增添了公共想象的渲染。徐志摩的好友何竞武的女儿何灵琰曾说："她（指陆小曼）如果生在现在，绝对没有资格参加选美。人不够高，身材瘦弱，自然谈不上什么三围，但她别有一种林下风致，淡雅灵秀。"著名外交家顾维钧和学者胡适在见过她后都惊为天人。当年陆小曼还在读高中就被派去外交部接待外宾，结果表现非凡，她的上司顾维钧于是对陆定调侃道，别看你长得其貌不扬，生出来的女儿却如此漂亮聪明。胡适自从认识了陆小曼后就有了那句著名的感慨："王太太是京城一道不可不看的风景线。"这两个评价陆小曼的男人一个在巴黎和会上大放异彩，另一个在新文化运动中引领潮流，不但自身优秀、阅人无数且极受异性青睐。他们能对陆小曼有如此高的评价，可见她难以抗拒的魅力。王赓的四弟王兼士曾在多年后邀请陆小曼在文化俱乐部吃饭。王兼士小时候在北京长大，对这位前长嫂还有些印象，那时徐志摩和王赓都不在了，一切恩怨也随之而散。陆小曼在陈毅的关照下进入上海文史馆和画院做事，据在场的人回忆，那天她穿着件非常普通的黑色衣服，看上去瘦弱苍老，美人虽已迟暮，却依然能看到只有生活在 20 世纪初上海滩名媛所拥有的独特气质。[67]

天下又有哪个男子会与美貌为敌呢？况且陆小曼不仅仅样貌出

众，还满足了知识阶层对异性的所有幻想。若论背景和出身，她祖上显赫，父母知书达理又思想开达，在家庭方面不输任何美国名校的富家千金。若说起知识和修养，她更是内外兼修，接受了最好的中外教育，还精通音乐、绘画和戏曲等艺术，因而比富家小姐多了高雅和灵气，又比普通才女多了美艳和气场。在性格和举止上，她有东方女性神秘可爱的一面，有时柔弱多病，惹人怜惜，同时也有现代女性的直率和倔强，任性起来也让人难以招架。虽然从小到大被众星捧月，但对此她并不在意也没有沾沾自喜，这种"不稀罕"的态度更加让人为之着迷。

王赓在春风得意之时遇到了正值妙龄的陆小曼。在留学时他并没有太多机会接触异性。美国对有色人种存在歧视，明令禁止异族通婚，因此亚裔男性并不受美国女性青睐。梁实秋在回忆录里就提到在毕业典礼时，因为没有白人女子愿意和中国男子并肩上台受领证书，他只得和另外几个中国留学生组成一排，在众目睽睽下尴尬又羞辱地完成仪式。[68] 不仅如此，王赓待了最久的普林斯顿和西点都是男校，平日里鲜有机会和同龄女子相处，因此他对异性难免怀着青少年般的好奇和憧憬。多年来他孤身在外，虽被老师和同学欣赏，但终究是异乡客，有如泛梗飘萍。所幸等到他学成归来，在适当的年龄得遇佳人。王赓在美国见过蓝眼睛黄头发、可爱温柔的露丝，还有棕眼睛深头发、优雅知性的伊丽莎白，但都没有像陆家女儿那样集天地的所有纯美于一身。她是如此年轻、灵动，举手投足都让人移不开眼，就是这样一个无可挑剔的女子，摒弃众多追求者，三千弱水只取一瓢，愿陪伴左右，给予他一个家。这巨大的恩情足以让王赓感念一生。那个时候车马邮件很慢，爱一个人，一生都不够。

那个时候王赓正在寒风刺骨的哈尔滨出差，但心里还是牵挂着妻子。一想到小曼，王赓的眼前出现了她生病时苍白的脸和眉眼里的柔弱。他能做的只有给好友张歆海、胡适之去信，希望他们伸出援手，看护一下这个让他放心不下的人。

歆海、适之：

正要写回信给歆海，恰好适之的信亦到。谢谢你们两位种种地方招呼小曼，使我放心得多。这几个月来，小曼得着像你们两位的朋友，受益进步不在少处，又岂但病中招呼而已。她有她的天才，好好培养可以有所造就的。将来她病体复原之后，还得希望你们两位引导她到 sweetness and light 的路上去呢。

陆家有电报来叫我回京，苦的是我是个军人，不能随便行动说走就走。好的是一两日内就有机会来到，可以借公济私，人亦可以来京，钱亦可以多少带点。请你两位告诉小曼，好好安心调养，我也是个心急人（她自己叫过我毛脚鸡），慢不了的。

我没有到之前，你们两位更得招呼她点。见面再谢罢。

王赓

四月廿六日，星期日下午[69]

这封信的日期为 1925 年，因为只有那年的 4 月 26 日才是星期日。可是从后来发表的《爱眉小札》中可以看出，自那年的 3 月起，徐志摩就开始对陆小曼进行了狂轰滥炸般的追求，而王赓还完全被蒙在鼓里。在他接触的世界里，只有像父母那样相敬如宾、谨遵男女有别的传统之人，或者是他遇到过的美国师生，虽然不忌讳约会玩乐，但受基督教的影响，把婚姻当作上帝面前许下的神圣承诺。何况他的朋友都是读书人，懂得基本底线，属于坐怀不乱的君子或者克己复礼的绅士，因此根本没有可防之处。

在这封给外人的信中，王赓的语气平和温柔，他和陆小曼感情间的冲突、不满和责难，在相隔两地后都化作绵绵的关心：担心她身体有无抱恙，希望她没有熬夜玩牌，但愿她心情愉悦，多做些有意义的事。作为丈夫，他为远在天边而感到内疚，于是诚心拜托两位好友替他照顾小曼，"引导她到 sweetness and light 的路上"。这句话里应用的英语非常有深意，它不是字面上的"妩媚与轻柔"[70]，简单地让人摆脱负面情绪，重展欢颜。这句话的背后寓意丰富，齐邦媛教授曾指出，它最早出自写过《格列佛游记》的乔纳森·斯威夫特（Jonathan Swift），斯威夫特用此来形容如同蜜蜂般的艺术家：

> 他们没有选择污秽和毒素，而是用蜂蜜和蜂蜡将巢房贮满，借此带给世人两件最崇高的东西，那就是甜美和光明。

> Instead of dirt and poison, we have rather chosen to fill our hives with honey and wax [capable of making candles], thus furnish mankind with the two noblest of things, which are sweetness and light.

结果这句"甜美和光明"又被著名的美国文学批评家马修·阿诺德（Matthew Arnold）放入自己的成名作《文化与混沌》（*Culture and Anarchy*）里，作为第一章的标题。这本书是 20 世纪的经典之作，所包含的主题远远超越了针对女性的"妩媚和轻柔"。[71] 阿诺德笔下的"甜美和光明"真正代表的是源自古典时期的人文精神，可以治愈现代工业革命所造成的伤害和对立。阿诺德这一派旗帜鲜明的"保守"文化主张对 20 世纪的欧美知识阶层影响很深。陈寅恪、张歆海、吴宓、梁实秋等人在哈佛的老师白璧德（Irving Babbitt）就是这一派的继承者。提到甜美和光明，王赓联想到的是他读书生涯中接触到的最美好和崇高的人文想象，小曼自然就是这种精神的化身，就算她现在有时还比较小孩子气，也会在众人的督促下发挥潜能，实现转变。这层藏在甜美和光明后面的良苦用心，歆海和适之一定都懂得。歆海自不必说，他在哈佛的博士论文就是《马修·阿诺德的尚古主义》（*The Classicism of Matthew Arnold*），恐怕没有谁比他更懂其中的真谛；适之则聪慧通透，所以两人一定能给小曼带来积极的影响。

　　谁知这只是王赓单方面的美好想象，陆小曼在 5 月 14 日这天的日记中写道：

> 我这次病中多蒙适之、歆海（关切），他二人真好，咳！真对不起他们，他们亦是真关切。歆海天天不怕一路远，每天从清华回来，适之谢绝一切应酬亦来陪我，我真感谢他们，我心里有说不出的苦，他二人 both very much in love with me（都深爱着我）。[71]

这两个被托付的朋友一个毫无顾忌地发起了追求，另一个也态度暧昧，陆小曼没有顺势接受这两个护花使者的爱意，并不是因为顾及还有婚约在身，而是"我恋爱的爱已经给了他（指徐志摩）了，我哪里还有呢？"

那个把陆小曼的爱都拿走了的男人此时正在欧洲避风头。张幼仪在回忆录里称，徐志摩和陆小曼的事东窗事发，王赓威胁要干掉徐志摩，逼得他匆忙逃到国外。[72] 张的说法恐怕是以讹传讹，因为这绝不符合王赓为人处世的风格。虽然作为军人他会随身携带武器，平时性子也有些急，但骨子里他是一个谨慎温和的文人，不会因为一时恼怒而去伤害他人。陆小曼也在日记里讲到徐志摩离开的时候，自己假装云淡风轻地和王赓一同去火车站送他，这种情形丝毫不像三人已经捅破窗户纸，彻底撕破脸。

可以想象那天站台上的两男一女都各怀心事。王赓想着妻子毕竟年轻，还是个小女孩，过一段时间激情退去就会回心转意；徐志摩心中全是他的眉眉，但迫于形势只能任由火车载着他丢失灵魂的躯壳远去。陆小曼站在王赓身边，偷偷瞄着为她神魂颠倒的诗人，此时她还举棋不定，虽不满于现状，也还没足够勇气放手一搏。

她的日记里除了对徐志摩的思念，就是对"那个人"的反复嫌弃：

3月17日：他突然的回来了

3月19日：前天写得好好的，他又回来了……

4月18日：那天写着写着他就回来了

"那个人"所犯的错不过是回自己的家，却变成了不受欢迎的瘟神。本来王赓在推动的军队现代化之路就异常曲折。当时的国防事务涉及外交、科技、法律、交通、财务等多个层面，可从前的兵有很多是农民甚至还有地痞，文化程度普遍很低，所谓好男不当兵，因此很多复杂的问题都落到王赓的肩上，他常常批改公文到深夜，办公室里堆满了各种书籍和参考资料，不知道还以为他是哪个学问渊博的大教授呢。工作的强度是一方面，缺少共鸣又是另一方面，就连陆小曼都说王赓"身为武夫而又带着浓厚的文人脾气，所以和当时军界要人的人事关系相处得很不好。因此始终郁郁不得志"。面对事业上诸多艰辛和不如意，王赓自然渴望家中有人可以为他分忧，又有哪个丈夫不想得到妻子的体贴和温存？如果这些都给不了，那是否能保住最起码的体面？

可是即使被无尽厌弃，他还是写出了那封"甜美和光明"的信，在外人面前没有牢骚和不满，陆小曼毕竟是王赓第一个爱上的人，也是唯一想要白头到老的人。

就在这段家中动荡的日子里，各路人马冲突不断，整个北洋体系已岌岌可危。王赓在7月成为孙传芳的高级参谋。他的任务之一就是从海外购买高级军火，来抵抗北方军阀的攻击。正当他遭遇外面的重重压力时，徐志摩和陆小曼的恋情愈演愈烈，虽相隔万里却依然情意绵绵，足以让世上最宽容的人都无法继续容忍。王赓最终给陆小曼写了一封信，寥寥数语，却隐藏着最后一丝幻想："如念夫妻之情，立刻南下团聚，倘若另有所属，决不加以拦阻。"如果拿这个语调与徐志摩的文字做比较，就可以看到巨大差距。在徐志摩的个人宇宙里，天崩地裂的爱情是对自我和民族的救赎，是人世间最伟大的事业。于是他对陆小曼写下这样的文字：

> 眉眉，这怎好？我有你什么都不要了。文章、事业、荣耀，我都不要了。诗、美术、哲学，我都想丢了。有你我什么都有了。抱住你，就好比抱住整个的宇宙，还有什么缺陷，还有什么想望的余地？你说这是有志气还是没志气？你我不知道，娘听了，一定骂。别告诉她，要不然她就不要这没出息的女婿了。

如此打动人心的话王赓是说不出口的，不仅因为过于肉麻，更重要的是这些想法违反他的价值观：他不可能为了爱情而放弃事业和荣誉，一个没有了荣誉和事业的人拿什么去爱人，又凭什么被爱？

不单如此，他也不认为婚姻仅仅是两人的事，于是他把信寄给了陆家长辈，由他们转交陆小曼。

陆小曼在 7 月 16 的日记里这样写道：

> 前天我还没有起床就叫家里来的人拉了回去。进门就看见一家人团团围坐在一个屋子里，好像议论什么国家大事似的。有的还正拿着一封信来回地看，有的聚在一起细声地谈论。看了这样严重的情形，倒吓我一跳，以为又是你来了什么信，使得他们大家纷纷议论呢。见我进去，娘就在母舅手里抢过信来掷在我身上，一边还说，"你自己去看罢！倒是怎么办？快决

定！"我拿起来一看才知道是他来的信。一封"爱的美敦书"（ultimatum，最后通牒），下令叫娘即刻送我到南方去，这次再不肯去就永远不要我去了。口吻非常严厉，好像长官给下属的命令一般，好大的口气。我一边看一边心里打算怎样对付。虽然我四面都像是满布着埋伏，不容我有丝毫的反响，可是我心里始终不愿意就此屈服，所以我看完了信便冷冷地说："我道什么大事！原来是这一点小事！这有什么为难之处呢？我愿意去就去，我不愿去难道能抢我去么？"

陆小曼此时虽然已不念旧情，但也没有计划好如何争取自由。她的对策就是隔三差五地闹脾气使性子，希望王赓能知难而退，主动退出。在她的日记里写到 5 月份王赓回来过一次，结果两人大闹一场，后来她在饭店晕倒（6 月 21 日记），拍电报称"摩，我受不了了，你再不回来，我会死的"，吓得徐志摩立刻取消与泰戈尔在欧洲会面的计划，放下一切匆匆回国。

急匆匆赶回来的徐志摩并没有能称心如意地马上和陆小曼在一起厮守，因为陆母极力反对两人的来往。当年就是陆家老太太一眼看上王赓，才促成了女儿的婚姻，成婚后这份来自岳母对女婿的喜爱也从未减少。她也并非不赏识徐志摩，可毕竟思想比较传统，觉得离婚对女人来说是一件羞耻的事，何况女儿要抛弃毫无过错的女婿，去投奔一个离过婚、有孩子、没有正经工作的人。

徐志摩在日记里抱怨道：

8月14日

眉，娘真是何苦来。她是聪明，就该聪明到底。她既然看出我们俩都是痴情人容易钟情，她就该得想法大处落墨，比如说禁止你与我往来，不许你我见面，也是一个办法。否则就该承认我们的情分，给我们一条活路才是道理。像这样小鹞鹞提溜着眼珠当着人前提防，多说一句话该，多看一眼该，多动一手该，这可不是真该，实际毫无干系，只叫人不舒服，强迫人装假，真是何苦来。

对陆母的横加阻挠，徐志摩想出了一个策略，就是安排好友刘海粟去做工作。

世人都知道徐志摩的文学才能，殊不知他对艺术的鉴赏也很有功力。他个人的审美取向基于对文艺复兴传统的肯定和对现代派创新的认可，因此曾主动结交了20世纪的现代艺术批评家罗杰·弗莱（Roger Fry），还为他取中文名为傅来义。出于这个缘故，他与抵制现代画风，坚持要走写实主义路线的徐悲鸿打过笔战，却与融合印象主义和野兽主义风格的刘海粟一拍即合。刘海粟作为徐志摩的知音，不但在艺术方面敢于破除陈规，比如在开创首家男女同校的美院和将西洋裸体画引入国内等，在私人生活上同样也敢爱敢恨。与徐志摩一样，刘海粟与家里指定的原配妻子离婚，追求自由恋爱，是有名的"反封建斗士"。

刘海粟恰好是陆小曼的绘画老师，陆小曼的母亲也擅长丹青，与刘海粟又同为常州人，所以双方的关系很近，让他出面游说最合适不过。

徐志摩在 8 月 23 日那天的日记里写道：

> 方才"先生"说他这一时不很上我们这儿来，因为他看了我们不自然的情形觉着不舒服，原来事情没有到门大家见面打哈哈倒没有什么，这回来可不对了，悲惨的颜色，紧急的情调，一时都来了，但见面时还得装作，那就是痛苦，连旁观人都受着的，所以他不愿意来，虽则他很 miss 你。他明天见娘谈话去，他再不见效，谁都不能见效了，他真是好朋友，他见到，他也做到，我们将来怎样答谢他才好哩。

这里提到的"先生"应该就是刘海粟，此时他已经接手了徐志摩委派给他的任务。在轮番"动之以情，晓之以理"的轰炸下，陆家二老的态度终于有了松动。说到底他们拗不过自己的女儿，她本就体弱多病，如果再有个三长两短，那该如何是好。事已至此，陆老夫人决定当面找女婿说明。刘海粟也好事做到底，决定陪母女两人一同去上海与王赓交涉。

这次大师一出手就炮制了一组"民国史上最尴尬的饭局"。

刘海粟所选的摊牌地点是北京路上的功德林。这家当年上海滩最大的素菜馆吸引了一众海内外的文人雅士，鲁迅、丰子恺、陈毅都是那里的常客，泰戈尔、萧伯纳也曾亲临。在约定之日，一批引人侧目的男男女女先后走入功德林的一间包厢。这里面有陪同陆小曼和陆母一同出席的王赓，还有讪讪跟来，一脸紧张和不安的徐志摩。这场面本已够尴尬了，但刘海粟还嫌不够，邀请了另一组陪客，他们同样也是四人，分别是唐瑛、唐瑛的兄长唐腴庐，还有李祖法和杨杏佛。唐瑛是与陆小曼齐名的上海名媛，也是一位顾盼生姿、多才多艺的富家千金，她的兄长唐腴庐陪同她出席，其他两位男士李祖法和杨杏佛都是追求者。

在刘海粟的精心安排下，仅仅这一桌人就凑满了两段三角恋。"南唐北陆"的情人们和情敌们贴身而坐，凭谁再开放大度，也难畅怀尽兴。这顿饭只有做东的刘海粟一人谈笑风生，他以主人的身份举杯致敬，寒暄几句后就进入主题，开始谈论起男女之爱。他致辞道，当今的年轻人个个都渴望幸福、追求幸福，但男女间若没有爱情，硬是靠婚姻捆绑在一起，这样非但不会幸福更是违背道德。此话一出，所有人都不禁把目光投向王赓——这番言辞是说给谁听的，傻子都知道。

那一刻，王赓虽然表面上泰然处之，但他的心中已被巨大的荒谬感和悲哀笼罩。坐在他身旁的是他至亲至爱，想要相守一辈子的妻子，还有对他钟爱有加、从未疾言厉色过的岳母，再旁边就是那个不但才华非凡而且招人喜爱的师弟，坐在首席的是名闻天下的画家，同样风度翩翩，光彩照人。这些都是他喜欢的人，可今天他们一起联手，目的只有一个——逼他"放手"。

王赓没再说什么，此时语言是苍白的，留下体面保住斯文，是他最后能做的。他借故离宴，然后一人徒步走在上海都市的马路上，白日里的车水马龙变成了夜幕里的灯红酒绿，到处都是三三两两、成群结队的人群，远处能听到隐隐约约的爵士乐。这座城市二十四小时都歌舞升平，欢歌笑语，有人在这里发家致富，有人在这里找到了心之所爱，只有他是那么落寞和不合时宜。模糊的眼眸前突然出现了过往的各种片段，他还依然记得第一次见到小曼，她那月亮般皎洁的眼神里还带着小女孩的天真和羞涩，两条辫子黑黑亮亮的，结婚后，她剪短了头发，多了一份娇柔和妩媚。他们一起去无锡老家，坐在摇摆的乌篷船上，她依偎在自己肩上，看着蜻蜓在周围飞舞；他们一起去北京的香山和颐和园踏青，见过无与伦比的满山红叶和夕阳下的断壁残垣。但这些发光的记忆已经开始暗淡了，她已经很久很久没有在他面前流露出任何温存和欢喜。还有那个在长夜里曾和他讨论哈代的师弟，当时因为林徽因的离开他整日无精打采，因此常常跑来散心，一待就是一天，只有讲到诗歌时神采奕奕。可从什么时候开始，他的交谈变得心不在焉，只是用痴情的眼神看着妻子，那如火焰般炙热的爱意根本无法隐藏。起初他还暗暗祷告小曼只是像个孩子般随性，俗话说一日夫妻百日恩，只要自己不离不弃就能等到她回心转意。到了后来连他都开始动摇，但为了陆家二老，他就算再委屈也会坚持下去，可如今连岳父岳母也变了心，小曼和志摩更是恨不能立刻就在一起，他已经名符其实地成了那个多余的人。当年的山盟海誓他从未敢忘却，但事到如今，只能用牺牲自己来维护这份爱，用放手和成全来践行刻在心上的诺言。

第四章　情为何物

——爱是自由，也是成全

十多年后，三个主角的人生再次经历剧变：王赓永远脱下了军装，徐志摩从高空坠落，尸骨安眠在地下，而陆小曼也已和她生命中的第三个男人生活在了一起。有人问起王赓对往事的感想，在经历了岁月的沉淀后，他说了这样一段话：

爱情是人类最崇高的感情活动，它是纯洁而美好的，并不带有半点功利俗念，也不等于相爱必须占有。真的爱情应以利他为目的，只讲无私分享，不求索取。既爱其人，便以对方的幸福为幸福。我是爱陆小曼的，既然她认为和我离开后能觅得更充分的幸福，那么，我又何乐而不为？又何必为此耿耿于怀呢？

王赓口中的一句"何乐而不为"，看似云淡风轻，但他所经历的却远远要沉重得多。中国的传统自古就带有浓厚的父权思想，强调修身齐家平天下。即使在推翻旧制的北洋时期，军阀和军官几乎个个都是好几房姨太太，且把女人视为私有财产，严防她们跟外界接触，更别说像王赓这样为妻子红杏出墙创造条件，简直让保守人士和权贵土豪笑掉大牙。不明事理的普通人更会纳闷，这种连家事都处理不好的"孬种"，还能替国家行军打仗，决胜于千里？不但保守人士对他鄙视，新潮人士也会视他为自由婚姻的对立面、强权主义的化身，他们为徐志摩喝彩，虽然他的再婚是以张幼仪的痛苦为代价，却被称为"民国第一"，借此赢得了自由进步的美名，而留给王赓的却只有种种嘲笑和误解。"五四"的反传统思想充斥了压迫者和反抗者的二元对立。可事实上，打着"挣脱封建枷锁"口号的徐志摩和陆小曼本身不属于什么弱势者，他们的胜利也并不是因为他们本身有多值得同情，而是背后有人选择隐忍和成全。[73]

总之，无论被外界如何看轻，王赓都可以忍受。归根到底他不是什么封建残余，而是与徐志摩一样信仰自由、美和爱。只不过后者更看重自我感受，为此可以对抗全世界，但也容易因为独断自大，几近残忍。王赓则更注重责任和约束，欣赏细水长流的温情，这份克制也能让他更加尊重别人的自由，在包容里看到婉约的美，在爱的长空里涂上悲悯的底色。

据说那晚刘海粟摆了鸿门宴后，徐志摩又再接再厉，连夜给王赓写了一封全篇英文的信[74]，内容已无从得知——谁能想到，这个以白话文闻名的诗人也会有要用外语来表达的时候。收到信后没多久王赓就与陆小曼正式离婚了，协助的律师是祖籍江苏武进的上海大律师李祖虞。至此，那晚功德林的两组人物都有了结局："北陆"如愿退出王家嫁入徐家；"南唐"拒绝了杨杏佛，最终委身李祖法。这一番较量，家境一般却刻苦努力的王赓和杨杏佛都败下阵来，两位千金小姐分别选择了海宁首富和宁波财阀的优渥少爷。就刘海粟而言，在他丰富多彩的社交生涯里，这顿饭局绝对是一个高光事件：凭借他的巧妙安排，一次解决了两对三角恋，恐怕连他自己都会觉得"功德无量"。

1926年也就是第二年的七夕，陆小曼和徐志摩正式结婚。

母亲跟着王赓迁居北京后，并没有享受到被儿媳孝顺的福气，反倒是看到爱子在这段婚姻里受尽委屈。她不忍心责备，只有在一旁安安静静，不惹麻烦，谁知还是没能改变结局。所以当王赓离婚后前往上海就职，全家就也一起迁回南方，离开了这个伤心地。此时王赓再次单身一人，下面的几个妹妹已出嫁，弟弟们还在求学。年纪尚小的三妹淑敏从此承担起了家中的女性职责：她将母亲接去奉养，同时也在生活中照顾大哥的日常起居，为家人减少后顾之忧。

在徐志摩和陆小曼在北京的北海公园举行的婚礼上，证婚人梁启超却发表了一篇语惊四座的贺词：

> 我来是为了讲几句不中听的话，好让社会上知道这样的恶例不足取法，更不值得鼓励。
>
> 徐志摩，你这个人性情浮躁，以至于学无所成，做学问不成，做人更是失败，你离婚再娶就是用情不专的证明！

陆小曼，你和徐志摩都是过来人，我希望从今以后你能恪遵妇道，检讨自己的个性和行为，离婚再婚都是你们性格的过失所造成的，希望你们不要一错再错自误误人。

不要以自私自利作为行事的准则，不要以荒唐和享乐作为人生追求的目的，不要再把婚姻当作是儿戏，以为高兴可以结婚，不高兴可以离婚，让父母汗颜，让朋友不齿，让社会看笑话！

总之，我希望这是你们两个人这一辈子最后一次结婚！这就是我对你们的祝贺——我说完了。

梁启超的话字字诛心，让在场的新婚夫妇、双方父母和亲朋好友都尴尬不已。

讲完后梁启超意犹未尽，还写信给在美国的儿子思成和准儿媳林徽因畅谈心中之虑：

我昨天做了一件极不愿意做之事，去替徐志摩证婚。他的新妇是王受庆夫人，与志摩恋爱上，才和受庆离婚，实在是不道德至极。我屡次告诫志摩而无效。胡适之、张彭春苦苦为他说情，到底以姑息志摩之故，卒徇其请。我在礼堂演说一篇训词，大大教训一番，新人及满堂宾客无一不失色，此恐是中外古今所未闻之婚礼矣。今把训词稿子寄给你们一看。青年为感情冲动，不能节制，任意决破礼防的罗网，其实乃是自投苦恼的罗网，真是可痛，真是可怜！徐志摩这个人其实聪明，我爱他不过，此次看着他陷于灭顶，还想救他出来，我也有一番苦心。老朋友们对于他这番举动无不深恶痛绝，我想他若从此见摈于社会，固然自作自受，无可怨恨，但觉得这个人太可惜了，或者竟弄到自杀。我又看着他找得这样一个人做伴侣，怕他将来苦痛更无限，所以想对于那个人当头一棒，盼望他能有觉悟（但恐甚难），免得将来把志摩累死。

引自《梁启超家书》

在只见新人笑的大喜之日，只有梁启超还念着旧人。他与王赓相识于巴黎和会，从此建立了师生情谊。也是因为这层同门关系，徐志摩才能轻而易举地闯入王赓的生活，对此梁启超多少会感到有点责任。之前徐志摩对梁启超的准儿媳林徽因发动了强烈的攻势，为此还在妻子张幼仪孕期执意离婚。梁启超苦口婆心地劝他收手，结果逼得徐志摩写下脍炙人口的名句："我将于茫茫人海中访我唯一灵魂之伴侣：得之，我幸，不得，我命。"——在这轰轰烈烈的旗号下，夫复何言？不听劝阻的徐志摩逼得梁思成和林徽因约会时被迫在北海公园的快雪堂，也就是梁启超的办公场所松坡图书馆的大门上贴了"Lovers want to be left alone"（情侣不想被打扰）的告示。好在陆小曼及时出现，导致徐志摩"见异思迁"，换掉了灵魂伴侣的对象，所以王赓的让位反而间接替梁家省去了麻烦，因此梁启超对王赓不但有同情还有愧疚。但梁启超如果仅仅对自家事有感而发，那就罔顾了他思想家的头衔。陆小曼和徐志摩的感情热烈浪漫，不少看客都为他们叫好，但梁公不为所动。他直戳本质，指出这一切激情都建立在对无辜者的伤害之上。依此类推，试问是否只要目的美好，就可以不择手段？有人说，梁启超的这封信颇有警告林徽因的意思，但这样的解读纯属多余。林徽因从小看到了因为别的女人介入父母关系而造成的不幸，因此不愿成为破坏徐志摩婚姻的罪魁祸首，最后在双方家长的支持下，选择了没有婚恋史的梁思成。谁知虽然她主动拒绝，徐志摩还是抛弃了原配张幼仪，再爱上了一个有夫之妇，毁掉另一个家庭。对此林徽因也只能叹息，在这个问题上她和徐志摩已经渐行渐远，后者是勇往直前的战士，而她则是慈悲为怀的仁者。

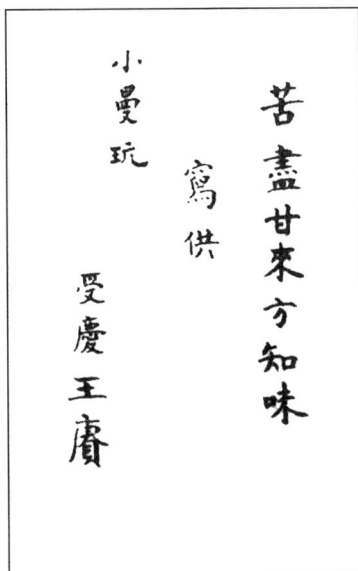

图 2.4.1：王赓的亲笔题字。

同样心怀悲悯的王赓没有去参加两位新人的热闹婚礼，他只送上一份厚礼，还有一幅亲笔字。

这短短七个字里包含了太多感受，难以一一诉说；他不可能像徐志摩一样下笔洋洋洒洒，倒不如把一切埋在心底。

但他警告这个代替他的人："我虽和小曼离了婚，你今后务必对她好，若是三心两意，别怪我不客气。"所幸徐志摩也很争气，无论后来发生多少不如意都从未变过心。

事后王赓还向组织"鸿门宴"的刘海粟坦言道："我并非不爱小曼，也并不舍得失去小曼，但是我希望她幸福。他和志摩两人都是

图 2.4.2：徐志摩陆小曼结婚照。

艺术型人物，一定能意气相投，今后作为好友，我还是可以关心他们。"他的大度让刘海粟印象深刻。很多年后王赓的侄子，我的堂叔在香港见到这位已经年近花甲的艺术家，他说起王赓便感念他的正直、善良和推己及人。在当时，王赓完全可以使用军人的便利实施极端的报复。但他的世界里没有暴力、强权和仇恨，除了原谅和升华外别无他路。

也不单是王赓，其他人如梁启超、梁思成，还有张幼仪和她的哥哥张君劢，也都没有记恨徐志摩。他们以真正的仁慈和谅解来演绎自由、美和爱，从而维护着民国时期的文人江山。

于是在祝福和警告声中，中国近代文坛最出名的一对伉俪在1926年正式结为夫妻。由于革命军开始攻打北方，两人也选择南下迁居上海。可以肯定的是，虽然新的生活就此开始，但过往的因果却如影随形般一路追随。首先，徐志摩虽与张幼仪一刀两断，但无法不认两人的儿子。在陆小曼没有生育的情况下，张幼仪之子成了徐家唯一的后人，为此徐家二老自然偏向前妻，再加上与陆小曼相处不快，最后一气之下与之断绝往来，掐断了儿子的经济资助。在精神上，林徽因一直在徐志摩生命中占有特殊的位置。婚后陆小曼坚决不肯搬回北京，有一部分原因可能是忌惮这位耀眼夺目的女神，为此徐志摩只能频繁奔波于京沪两地，最终遭遇空难。这些复杂的纠葛让徐陆的婚姻无法如青梅竹马般的情侣那么纯粹，他们终于在一起后是否如预期般幸福，也是如人饮水，冷暖自知。

离婚后的王赓无暇沉溺在伤痛中，因为他效命多年的北洋政府正在不知不觉中靠近灭亡的边缘。1925 年 10 月，孙传芳当上五省总司令，军事势力达到巅峰，但就在这时，王赓却决定辞去孙传芳手下的职务。至于他为何离开，查无记载，却也不让人意外。民国时期的军阀都带有强烈的双重性，一方面他们受到政治启蒙的影响，因而礼贤下士，厚待知识分子，积极推动地方建设。比如民国时期大学教授的收入非常高，像张作霖这样的枭雄还特地拨款建立了东北大学，不惜重金聘请国内外知名学者。孙传芳同样也有进步的一面。他毕业于日本陆军士官学校，接受过正规教育，是蒋百里的师弟。他在统治江浙地区后实施裁减赋税、扶持民生、发展教育等良性政策，让不少有识之士，包括王赓在内，都甘愿为其效命。

可在思想理念方面，大多数军阀还留有不少封建社会的野蛮烙印。比如孙传芳一方面自己娶了好几房姨太太，一方面下令禁止妇女在外穿旗袍，如有违背则当众将女子的衣服扒光。此外他还曾派人去殴打刘海粟，只因后者在学校里启用了裸体模特。1925 年秋，孙传芳俘虏了张宗昌的将领施从滨。当时他的幕僚劝他放施一条生路，但孙传芳不听，执意违背当时军阀之间不杀高级将领的规矩，把施从滨的头颅砍下来示众羞辱。结果他的倒行逆施在十年后获得了应有的报应，他被施从滨的女儿亲手结果。[75] 总之，无论是思想境界还是道德操守，孙传芳都谈不上先进，他到底有多刚愎自用，辅佐他的蒋百里最清楚。1926年，广东的革命军开始出兵北伐，但因实力薄弱，只能采取"打倒吴佩孚、妥协孙传芳、放弃张作霖"的逐步战略。当革命军进入湖北鏖战吴佩孚时，吴向孙求救，蒋百里对此提出了上中下三策：上策是全力出兵进占长沙，阻击北伐军；中策是进入武汉，待吴军与北伐军在对峙时则伺机而动；下策是按兵不动，在江西与北伐军决战。

孙传芳原是吴佩孚的旧人，曾受过后者的提携，但凡他肯念旧情，或肯听蒋百里一言，都会出手相救。可惜孙传芳打着自己的如意算盘，暗中希望吴佩孚与北伐军两败俱伤，好坐收渔利，因此他执意采取蒋百里所说的下策。结果，鼠目寸光的他在吴佩孚被歼灭后也很快步其后尘，于1926年3月24日被革命军赶出南京。这种有着老式军阀思维，而缺乏国家建设理念和民族号召力的人注定难成大事，也难怪王赓早早与他分道扬镳。

蒋百里在孙传芳那里的遭遇折射出像王赓那种无党派自由人士的尴尬处境。蒋百里不断游走于晚清政府、北洋军阀和国民政府之间。段祺瑞、袁世凯、黎元洪、吴佩孚、孙传芳、蒋介石等人都聘他为高级幕僚，却又都没有委以重任。于是蒋百里虽当过保定军校校长，还出版了被公认为近代国防理论奠基之作的《国防论》，却非常尴尬地从未带兵打过仗，成为了真正的"纸上谈兵"。在外人看来，他还经常"不务正业"地与文人交往过密。事实上，他和王赓一样，在研究兵器战略之余具有很高的人文修养。比如，他在1919年与梁启超一起考察欧洲后撰写了《欧洲文艺复兴史》。这本书一问世便引起轰动，在一年多的时间里加印了多次。文采飞扬的徐志摩是他的远亲（徐的姑父是蒋的堂兄），两人关系出奇的好。在1930年蒋百里受到学生唐生智的牵连而被蒋介石关押时，徐志摩还带着被褥陪他坐过牢。后来徐志摩因陆小曼而入不敷出，于是考虑当蒋百里的房屋中介来补贴家用。他们能如此不分彼此，皆因都是至情至性之人，这也是为什么蒋百里当年还做过一件轰动的事——当他作为校长发现自己对保定师生的承诺无法兑现后，竟然当着全校的面拔枪自杀谢罪，所幸被救了回来。他冲动的惊人之举却给他带来了福报，负责照顾他的日本女护士成为了他的太太。但像他这样拥有高尚品格、独立思想、道德底线的人很难真正融入军阀或政党的权力中心。王赓身边的知识分子精英几乎都是如此，虽然他们在民国社会享有一定的威望和声誉，但仍旧无法在各种派系里找到高认同度的政治秩序，因而常常左右受困，里外不是人。胡适是这方面有名的典型。胡先生虽然温文尔雅，朋友遍天下，却被各派批评咒骂，争议之声颇多。还有张君劢，这个爱徐志摩胜过自己妹妹张幼仪的社会活动家在1925年创立了国立政治大学，在1926年邀请王赓担任军事教授，但学校仅在一年后即被勒令停办。[76]但蒋百里和胡适至少都对妻子不离不弃，尤其让人羡慕的是前者生有五位美丽的千金，其中的老三蒋英嫁给了著名的科学家钱学森。

王赓在孙传芳手下任职不久就倒戈投向国民政府，加入了北伐的队伍。1927年他在第四集团军总司令唐生智下短暂任职，[77]1928年又在第四集团军总司令李宗仁和总指挥白崇禧的下面担任炮兵指挥官及铁甲车队司令，在平汉路一带与军阀作战。1929年在蒋桂战争中倒戈，[78] 出任江防司令部司令和陇海铁路局局长。

从王赓的一贯立场来看，他在政治上一贯属于后知后觉。尽管他与多数北洋军阀的观念不合，但也未必赞同新出台的国民党党国文化。其实不止他一人，章太炎、王国维、梁启超、胡适、周作人、陈寅恪、丁文江、叶德辉等知识界名流都对动用暴力、取消联省自治、服从最高领袖的北伐革命持有很深的质疑。炮轰孙中山总统府的陈炯明就在《中国统一刍议》里所说：

> 现在南北两政府，已成对峙之局……北之军治，南之党治，皆违反共和原则。压抑全民公意，殊与民主立国，根本不得兼容。

但不可否认的是，在当时乱象频生的政治环境里并没有十全十美的出路。从1912年成立到1926年北伐，短短十五年间，北洋政府产生了十多个国家元首，出台过五部宪法，替换过三十多次内阁，整个社会可以说是几乎没有得到休养生息的机会。这种等同瘫痪的状态对于王赓这种盼望踏实做事、投身建设的人是一个巨大的灾难，或许也是为什么他最终没有坚持走北洋路线，而是转身投靠看上去更有凝聚力和组织力的国民党的原因。于是国民政府的个人档案中显示他在1926年经吴稚晖和杨杏佛的介绍入党。

无论如何，北伐是民国的一个分水岭。以前那个以共和宪政为主体，充满着自由和文艺氛围，但同时也乱象丛生的北洋政府时期从此在历史舞台消失。一同远去的是王赓的纯真：曾经他以为月下的誓言不会改变，朋友之间可以推心置腹，制度的落后也一定能通过努力而改善。如今他三十三岁，已经承受了感情的浩劫、友谊的背叛和政治上的失序，眼眸里开始有了淡淡的沧桑。他所认同的古典人文精神，无论是品格的自律和温雅，还是社会的启蒙和渐进，都已显得陈旧过时，远远不如激烈的态度和暴力的革命受欢迎。这些失意足以让他郁郁寡欢，可残酷的命运之神还不肯就此罢手，又备下一份"大礼"，企图用不可思议的灾祸来探测他承受苦难的极限。

第三部分　飘零而落

1927
/
1942

第一章　尘埃散尽

——军事现代化之路

如果这世上真有可以改写命运的女神，那王赓一定会向她虔诚祷告，祈求 1932 年 2 月 27 日那一日可以重来；但真正的苦难在降临时往往毫无征兆，事后又不可逆转，只剩下绵绵不绝的伤痛，如同锋利的刀不断在心头剜割⋯⋯

故事可以继续回到 1928 年。那一年年底，获得北伐胜利的国民党形式上统一全国。蒋介石安抚和拉拢大量原先的精英政要，国民党虽然成为了老大，但党内党外依然派系集团林立。在这块依然充满纷争的新政治版图中，王赓很快就找到了一座靠山。这人不同于以往的旧式军阀，而是一位与他年龄接近、同样戴着眼镜，受过高等教育的留美生——此人就是有"两朝国舅""财神爷"称号的宋子文。宋子文仅比王赓大半岁，毕业于上海著名的圣约翰大学，后赴美获得哈佛和哥伦比亚大学的学位，因此两人还是哥大校友。在当年中国学生联盟的集体合影里，他和王赓挨得很近，两人或许在那时便已有了交集，留下了不错的初步印象。

在照片中宋子文于众留学生中看不出有什么特殊，但他在这群天之骄子中绝非等闲之辈。首先他和徐志摩一样，是少数私费留学的富家少爷，而不像胡适和王赓这类官费生，必须通过重重官考来获得资助。除了家境殷实外，宋子文手上的政治资本是无人可以企及的。其父宋嘉树当年非常先进，不但经商有道，而且又是虔诚的基督徒和坚贞的革命家。他的三个女儿分别嫁给了在20世纪中国历史上举足轻重的孔祥熙、孙中山和蒋介石。这些联姻关系让宋子文轻而易举地走上政治舞台的中心，也难怪有时候他给人的感觉很高傲。

如此显赫的家世并没有让宋子文变成一个纨绔子弟。他先是考入了以东方哈佛闻名的上海圣约翰大学，后留学美国去了正统的哈佛。在1915年，也就是他的二姐宋庆龄嫁给孙中山的那一年，宋子文从哈佛毕业，进入哥伦比亚大学读研究生。两年后，孙中山正式展开反对段祺瑞的护法运动，并以《中华民国临时约法》为据，在广州另立政府。同年，宋子文携妹妹宋美龄回到中国，受姐姐宋庆龄之邀为广州政府管理财政并筹备中央银行。在这段时间里，他对当地金融市场的整顿和对二姐夫孙中山的拥护为他赢得了不少好评。1925年孙中山去世，国民政府把中央和广东的财政大权交给了他，先后任命他为财政部部长、广东省财政厅厅长、广东商务厅厅长等职位，而那年宋子文不过三十一岁。在之后的短短几年里，他让政府收入一下子增加了十倍，解决了国民政府资金方面的燃眉之急，也为接下来的北伐提供了经济基础，不禁让领兵带队的蒋介石喜上眉梢。因此宋子文被美国的《时代》周刊称为"中国的亚历山大·汉密尔顿"（Alexander Hamilton）——在独立战争中勇敢打败英国的美国第一任财政部部长。

随着国民革命军不断地攻城略地，宋子文也将现代化财政措施推广到全国各省。他对治理商业发达的江浙一带尤为用心，并与当地的金融界和企业界建立了良好的关系。此外，宋子文以国民政府部长的身份积极争取废除原先丧权辱国的通商和关税条约，以达到经济上的国际平等。在这位哈佛毕业生的努力下，美国第一个回应，首先在1928年7月25日于北京签订《中美关税新约》，同意中国关税自主。有了这只领头羊，英德日等国在接下来的几年内纷纷效仿。

事业的节节上升让宋子文越来越意识到财政收入非常依赖社会治安，因此必须有强大的武装力量做后盾。比如对国家收入至关重要的盐税，每年因为沿海地区盐枭盗匪横行而损失巨大。宋子文为此清楚地意识到了剿灭匪徒、杜绝走私的重要性，而具体任务的执行则落在了王赓的头上。1929年1月，王赓从国军编遣委员会设计处副处长改任为淮北盐务缉私局局长，到了1930年，宋子文把旧有的盐务缉私营和缉私大队合并成税警队，由财政部管辖，军费来自归还袁世凯政府的八国银行借款后的剩余盐税。这个税警队最终被命名为财政部缉私处税务警察总团，成为一支由宋子文亲自管辖的武装力量。当年这两个同时期留学的人会走到一起也就不奇怪了，因为王赓正好可以弥补国舅爷军事方面的不足。

宋子文西化的程度很高。曾担任过《中国留美学生月刊》编辑的他，喜欢用英语交流，这个习惯在回国后也没有变，在公文上批的经常都是英语，因此常有人怀疑他中文太差，甚至根本不会。此外宋子文性格耿直，快人快语。这种不绕弯的性格与他的姐夫孔祥熙正好相反。孔祥熙虽然也曾留美，但能说会道，八面玲珑，因此有"哈哈孔"的外号。虽然国舅爷不精通人情世故，但在政治上温和务实，力争在有限条件下多做实事，因此在国民党内非左非右，而王赓也和他一样属于这种自由派。

一口外语的宋子文与"土鳖"蒋介石并不投机，孙中山去世后两人就渐行渐远，有几次差点爆发冲突。

1927 年 4 月蒋介石发动四一二反革命政变，将国民政府迁往南京，并对左翼人士展开大规模围剿。宋子文对此十分不满，随即掐断了蒋的经济来源。蒋介石以牙还牙，派特务对他进行监视，限制他的出行。为此宋子文对美国记者直言，虽然他不认同诸如煽动劳工罢工抗议等群众运动，但南京政府搞的那一套就是个人独裁。在和哈佛法学院教授赫贞的谈话中，他悲观地感慨："国民革命的主旨是以党治国，就是以文人制裁武人。现在都完了！文人制裁武人的局面全都被推翻了！"

但到了 1927 年年底，他还是向这名"武人独裁者"缴械投降了。并不是因为他的立场变了，而是因为在那年的 12 月 1 日，蒋介石和宋美龄迈入了婚姻的殿堂。美龄可是一向和宋子文最亲的妹妹，走到哪里都能成为中外男士目光的焦点。宋子文在哈佛留学时，无论远在威斯里安女子学院（Wesleyan College）读书的宋美龄有什么演出，这个当哥哥的都会排除万难，第一时间来捧妹妹的场。从什么时候起美龄有了自己的主意，不顾家人的劝阻，看上了这个没好好读过书，英语都不懂的男人？她铁了心的样子像极了当年的庆龄，当年才二十二岁的二姐不顾一切地要嫁给大她二十七岁的革命党人孙中山，父亲苦苦阻拦也无效，最后全家只能接受。如今父亲已逝，作为宋家长男的他拼命试图阻止小妹，但最终也是徒劳。于是蒋介石正式成为宋家的一员。可话又说回来，尽管这个充满野心的男人既没有学问修养，也不懂琴棋书画，但在此后无数的年年岁岁中，他的目光总是追随着妻子，作为哥哥，夫复何言？

宋子文在宋美龄婚礼当日，以女方族长的身份将新娘交给新郎。接下来他别无选择，只能前往南京出任国民政府的财政部部长。结果他一共做了六年，受了一肚子气，曾四次请辞，最后感叹他这个部长当得像一条狗。原因在于蒋介石依然有"帝王"心态，喜欢手下之人对他和和气气、俯首听命；不喜欢欧美的那套平起平坐和商议共策。因此宋子文只能在各种摩擦和分歧中强忍蒋介石的种种出尔反尔。当时有一个德国人王安娜，是中共地下党员王炳南的妻子。她观察到宋子文与外国人相处远比与中国人在一起要愉快，因为在中国人眼里，宋子文忙忙乱乱、忽三忽四、充满矛盾。[79]

因为与蒋介石不和，所以宋子文在建立税警总团时刻意跳过忠蒋的黄埔和保定军人，而专门聘用和他背景相似的留美派。因此税警总团在1930年成立时的第一任团长是西点毕业的温应星，推荐他的是和宋子文、宋美龄兄妹关系甚笃的张学良。温应星到任后同上次在哈尔滨一样，不忘照拂自己的学弟，于是王赓在1931年成了税

图 3.1.1：宋子文、宋庆龄、竺可桢之女友、竺可桢、宋美龄在威斯里安女子学院合影。

警总团第二任团长。

在王赓的一生中，恐怕还没有遇到过对实现军队现代化如此有利的条件。首先，税警总团不缺经费，所需直接由宋子文掌管的财政部拨款，光这一项就碾压了薪酬低又常常拖欠粮饷的普通部队。有了雄厚的财力，税警总团引进了最先进的进口装备，比如德制的毛瑟步枪、比利时的 FN1924/30 步骑枪和捷克的 ZB-26 轻机枪。这些配置是骑着驴、穿着草鞋、提着土枪、营养不良的多数士兵做梦都不敢想的。除了硬件外，税警总团的整体素质也很高，人员都需要通过严格的文化考试。

另外，宋子文还聘请了德国专家。不少德国军事人才在"一战"

后前来中国觅职，一方面《凡尔赛条约》限制了德国军人的发展，导致他们不得不另谋生路，另一方面这批人比起英美法等国的专家相对薪酬较低，于是双方便一拍而合。蒋介石手下武器最精良的嫡系八十七师和八十八师就是著名的德械师。宋子文的税警总团也聘请了八名顶尖德籍顾问。别看宋子文的英语比汉语还流利，但他在德语和军事上却只能依赖王赓。于是在这个环境里，王赓找到了与他教育文化背景契合的上司，同时还能尽情展现他的个人才华和价值，真可谓人生一大快事。税警总团的兵力在顶峰时期高达三万多人，税警总团建立的第二年也就是1931年，时局已是风雨如晦，而这还不过是地崩山裂的前夕。

首先，宋子文在上海险些遇刺，只因他和秘书唐腴庐的衣着相似，被前来执行暗杀任务的刺客弄错，才侥幸躲过一劫。可是出身上海名门，与宋子文是哈佛同窗，更情同手足的唐腴庐阴差阳错地命丧黄泉。他死时年仅三十二岁，一个半月前才刚刚与谭延闿的侄女谭端新婚。有人认为此悲剧的幕后黑手是国民党的反蒋势力和上海滩著名的暗杀大王王亚樵，甚至还有日本军部的参与。但无论主谋到底是谁，一个前途似锦的青年在光天化日之下被无辜杀害，举国上下怎能不为之动容？葬礼当天有很多前来悼念的宾客，包括宋子文、孔祥熙、蔡元培等名人。仔细观看名单，竟然还有两个人：徐志摩和王赓。[80] 陆小曼与唐腴庐的妹妹唐瑛非常要好，两人并称"南唐北陆"，因此徐志摩自然要来慰问。王赓作为宋子文的部下，再加上大家都曾留美，于公于私都要出席。于是这两位虽都生活在十里洋场却已无交集的师兄弟再次相遇。此时王赓心中的一部分剧痛已经慢慢淡去，正如他相信的，爱情不是人生的全部，失去了陆小曼，他依然可以从家人和事业上找到生命的支点。反倒是徐志摩，为了维持陆小曼奢侈的生活，一口气接了好几份工作，长期奔波于京沪两地，身体上的劳累还是其次的，心灵上的失落对他而言却深入骨髓。陆小曼迷上了上海的灯红酒绿，不愿随他搬去北京，还与翁瑞午形影不离，两人一同吸上了鸦片。曾经高调介入别人婚姻的诗人也尝到了被别人介入的不幸，他在书信里委屈地写道："你真的不知道我曾经怎样渴望和你两人并肩散一次步，或同出去吃一餐饭，或同看一次电影……我守了几年，竟然守不着一单个的机会，你没有一天不是engaged（时间被占用、已订约），我们从没有privacy（不受干扰的，独处）过。到最近，我已然部分麻木，也不想往那种世俗幸福。"

当一个人排除万难，找到世间真爱，却发现已经丧失自我，其中的讽刺似乎只有徐志摩本人能用诗意的语言来描述："我想在冬至节独自到一个偏僻的教堂里去听几折圣诞的和歌，但我却穿上了臃肿的袍服上舞台去串演出不自在的'腐'戏。我想在霜浓月淡的冬夜独自写几行从性灵暖处来的诗句，但我却跟着人们到涂蜡的跳舞厅去艳羡仕女们发金光的鞋袜。"

那日他和王赓两人在唐腴庐的葬礼上照面，两人都已各自被人生的风雨捶打，不再是不谙世事的少年。此时灵堂前还有另一对人黯然神伤，唐腴庐被杀时，据说宋子文正与其妹唐瑛热恋。唐瑛的父母觉得政界人士太危险，坚决不赞成两人来往，没料到厄运还是如期而至，将儿子的生命夺走。唐腴庐的死成为了宋子文心中永远的愧疚，隔在他和唐瑛之间。王赓和陆小曼也一样，虽然住在同一城市，却不再有任何交集。这三个原先纠缠在一起的人都对生命的价值作出了独特的判断。王赓没有把爱情独自放在一切事物之前，而是用克制和忍让，以及对家庭的守护、事业的努力和社会的回报来浇灌和壮大男女之爱。因此虽然他离了婚，却可以一直如女婿般孝顺着陆家二老，并还将这份感情延伸到对陆小曼的堂兄与侄女的关心。徐志摩虽然宣称爱情是人世间最伟大的事，实际上却将各种美好和崇高，比如灵魂的觉醒、艺术的唯美、文明的升华，全部投射在被爱之人的身上，因此林徽因会说："徐志摩当初爱的并不是真正的我，而是他用诗人的浪漫情绪想象出来的林徽因。"倒是陆小曼，她自己可能都不知道她反而是最纯粹追求爱的那个人，只要有对方全心全意对她投入，其他的一切如家庭、事业、名声她可以什么都不要，外面的战乱、革命、时局也可以完全不管。徐志摩走后，陆小曼与翁瑞午同居，虽然她称与这个生命中的第三个男人"只有感情，没有爱情"，但嘴上这么说，身体却是诚实的，她与这个对她百依百顺、毫无任何事业可言的男子生活的时间最久且相处最和谐。总之，王、徐、陆这三人对人生都给出了自己独特的解读，到底孰是孰非，只有交给后世评判了。

唐腴庐被害后的五十七天，九一八事变爆发。

三十六年前，王赓出生于近代中日第一次交锋的甲午战争之际。从那刻起，他和同辈在亡国的恐惧下奋力追赶，力争强国富民、早日抵御外侮。然而日本也没有停下发展的脚步，并随着军力的扩张，幻想着当上"亚洲霸主"。因此考验中国新生代力量的决战已注定要展开。待到 1931 年，日本趁着西方国家陷入经济萧条出兵，将邪恶的魔爪直接伸向了东北。九一八事变爆发后，王赓和其他国人一样，痛心地看着日本人在没有遭遇系统性抵抗的情况下，轻而易举地将东北占为己有。日本的成功为远在千里之外、一丘之貉的希特勒和墨索里尼壮了胆。因此也可以说，史无前例的第二次世界大战最早的爆发地在远东，而不是欧洲。

1931 年年底，多年不曾写作的王赓再次动笔，在著名的《申报》上发表题为《抗日与军事训练》的文章。这篇刊登在"教育消息"栏目里的特载语言简明易懂，内容务实真切。王赓指出，全民的军事动员直接关系到抗日的胜败，对此他的建议是，首先要在思想上建立坚定的主义和明确的公敌，然后在行为上要积极服从，杜绝散漫随便，还要有吃苦耐劳的心理准备。为了证明观点，王赓在论述中提到了武昌起义、日俄战争、法国大革命等，文章最后注上"作于无锡教育学院"，可以想象一定是有人请他这个军事专家回家乡做演讲，向青年学生传授军事训练的心得。此时王赓已经成为千千万万坚决抗战分子中的一员，恨不能把他的全部所学都传授给社会。

占领了东北的日本却嚣张无比，毫不收敛，第二年年初又继续在上海挑事。最初在巴黎成立的国联多次坚决要求日本立刻从东北撤军。正如当年民国外交家们所期盼的，中国此时已是国联的元老，并一路积累了不少善意和同情，因此中国在九一八事变上获得了国际社会的广泛同情。美国虽不是国联成员，但也明确表示不承认日本在东北的合法性。——当年威尔逊组建的国联虽被美国国会否决，但部分渴望正义与和平的美国人并没就此放弃，而是修订了明确反对武力的《巴黎非战公约》（又名《白里安—凯洛格公约》）。九一八事变爆发后，中国外交部多次引用《巴黎和约》和《巴黎非战公约》，将欧美各国牢牢地拴在自己这一边。

在国际社会接二连三的质问下，日本备受压力，但并不悔改，而是变本加厉，以策划攻击中国的经济中心上海来转移国际社会的注意力，这便是 1932 年的一·二八事变。此举一方面能为在东北建立伪满洲国提供时间，另一方面可以等事态发展到一定地步再让国联出面调停，以便挽回一下外交形象。毕竟日本大言不惭地签署了《凡尔赛条约》和《巴黎非战公约》，还在 1922 年加入了维护中国领土和主权完整的《九国公约》。如今公然违约，无论如何也需要做一下国际公关的表面功夫。于是这个日本人口中的"第一次上海事变"的计划在 1 月底被日本间谍川岛芳子通过"日僧事件"正式启动。尽管面对日本的无理挑衅，中方一忍再忍，但到了 1 月 28 日深夜，日军依旧兵分三路偷袭闸北。短短二十四小时之内，日军开始对该地区进行猛烈轰炸，上海火车北站和位于宝山路 584 号的商务印书馆及其所属的东方图书馆——一个藏书超过三十万册的最大的私人图书馆沦为废墟。对基础设施和文化遗产进行的双重攻击处处透露出日本的残忍与邪恶。在这炮火所留下的满目疮痍中，震惊世界的一·二八事变拉开序幕。

令日本陆军惊讶的是，在各种狂轰滥炸下，中国人却没有跪地求饶。之前中国在甲午战争中溃不成军，在九一八事变中不战而退，日本人以为这样的局面会重演。日军指挥官盐泽幸一曾放下大话要在四小时内占领上海，可结果耗费了一个月，三度增兵，四易统帅，动用了坦克、飞机、重炮、巨舰等陆海空所有的先进武器，死伤逾万，最后才勉强逼迫装备简陋的中国军队从防线撤离。对此，目睹了淞沪战役全过程的美国著名作家和新闻记者埃德加·斯诺在《复始之旅》一书中说："一·二八之战对中国人民的思想产生了永久的不可逆转的影响。"章太炎当时曾极为兴奋地赞扬这场胜利，感叹道："自清光绪以来，与日本三遇，未有大捷如今者也。"这个傲人气象的背后是新一代的中国人，他们的创造力和自主性在民主共和的土壤里被如期释放，仅在半个甲子的时间里就聚足了全新的智慧和勇气，敢于同积累了六十多年工业史的日本放手一搏。

"一·二八"就是新民族力量在酝酿许久后终于凝聚与爆发的转折点。

第二章　命运多舛

——无端祸起、千夫所指

　　这里面当仁不让的英雄，首先就是负责守护上海的第十九路军全体官兵。这支由粤军改编，广东人组成的步兵队伍，九一八事变后被调派上海，负责宁沪地区的治安。他们亲眼看到当地的日本武装力量蠢蠢欲动、不断挑衅。对此十九路军上上下下都有一个非常强烈的念头，那就是绝不做第二个"跑路"的东北军。除了高昂的士气外，这支军队还非常擅于与社会各界沟通，在1月29日，十九路军的三位负责人蒋光鼐、蔡廷锴和戴戟就在第一时间向全国发出急电，向同胞们宣告了自己的心声：

　　　　光鼐等分属军人，唯知正当防卫，捍患守土，是其天职，尺地寸草，不能放弃，为救国保种而抵抗，虽牺牲至一人一弹，决不退缩，以丧失中华民国军人之人格。此物此志，质天日而昭世界，炎黄祖宗在天之灵，实式凭之。

在此之前，蒋光鼐就已公开违抗国防部部长何应钦撤离的命令，发誓"不与暴日共戴一天！"日本开火后，他与众人一起写下遗书，还让别人的家属疏散，唯独留下自己的妻子。在他身体力行的领导下，身型瘦矮，手提汉阳步枪，头戴竹笠，大炮严重不足的粤兵却靠着灵活的战术和视死如归的勇气，一次又一次地抵抗了日军展开的攻击。

"一•二八"的守卫战将蒋光鼐的声望被推到了极点，成就了他人生中最辉煌的时刻。上海人民将他的画像作为海报贴在大街小巷，还推出了纪念他的"蒋光鼐"牌香烟。

十九路军的二把手军长蔡廷锴也由此名传四海。两年后他访问美国，在到达的那天，三架中国飞行员驾驶的飞机在纽约上空盘旋，码头上三千名侨民和二百多辆车专门等候他。在响亮的掌声和一路的奏乐声中，蔡廷锴以明星的姿态站在敞篷车上穿越华埠，到达市政厅，纽约市市长亲自致辞，接下来还有一个上千人的欢迎会。这个豪华的阵仗让美国人也叹为观止。[81]

军人用身家性命捍卫国土，社会各界也争先恐后各尽其能。上海日本纱厂的七万工人举行大罢工，宁可丢了饭碗也不为日寇所用；上海市民纷纷组织义勇军、敢死队，在校学生放下书本，积极从事救护、担架、运输、募捐、宣传、慰劳等工作。宋庆龄和廖仲恺遗孀何香凝见粤籍将士因为被拖欠军饷，仍在上海寒风刺骨的冬天里穿着单衣薄裤，立即发动妇女赶制冬服，六天内制成棉衣裤三万多套。海外华侨虽然远隔山海，但寄来的汇款创下每日六万三千元的记录。[82]蒋介石因为在日本留过学，因此深知敌人的实力，但此刻也被全国上下沸腾之情所鼓舞，他向全国将士致电：

> 东北事变，肇始迄今，中央为避免战祸、保全国脉起见，故不惜忍辱负重，保持和平，期以公理与正义，促倭寇之觉悟。不意我愈忍让，彼愈蛮横，沪案发生，对渠要求，且已茹痛接受，而倭寇仍悍然相逼，一再向我上海防军攻击，轰炸民房，掷弹街衢，同胞惨遭蹂躏，国亡即在目前，凡有血气，宁能再忍？我十九路将士既起而为忠勇之自卫，我全军革命将士处此国亡种灭、患迫燃眉之时，皆应为国家争人格，为民族求生存，为革命尽责任，抱宁为玉碎毋为瓦全之决心，以此与破坏和平，蔑弃信义之暴日相周旋。……中正与诸同志久共患难，今身虽在野，犹愿与诸将士誓同生死，尽我天职，特本血诚，先行电告，务各淬厉奋发，敌忾同仇，勿作虚浮之豪气，保持牺牲之精神，枕戈待命，以救危亡。

1月29日蒋介石正式复出，派出手下最精锐的八十七和八十八两个嫡系德械师组成第五军增援上海。2月10日，他还特地致电八十八师师长俞济时，要求"贵部作战须绝对服从蒋总指挥（蒋光鼐）命令，并与友军共同进退为要"[83]。

连蒋介石都如此深明大义，宋子文当然也不能落于人后，更何况他一向主战。在一·二八事变爆发后，平日里一直提倡压缩军费的财神爷从吃紧的国库中为十九路军拨款，还派出自己的嫡系税警总团，以第五军八十七师"独立旅"的头衔加入战斗。这支队伍在南翔、龙华机场、闸北火车站、青浦、松江、葛隆镇等地的攻防战中，给予敌人重创。尤其在2月20日至22日的大战中，第五军在十九路军的支持下，浴血奋战三昼夜，多次击退日军两万多人的激烈攻击，歼敌三千余人，史称"庙行大捷"。其中训练有素、装备先进的税警总团战绩突出，让人感叹中国军队未来可期。唯一美中不足的是，为了不让独立旅的身份招来太多关注，税警总团始终没有使用自己的旗号，因此他们对淞沪抗战的特殊贡献往往不被外界所知。

然而这幅由众多英雄事迹组成的宏伟画面中，却出现了极其不堪的一幕。

庙行大捷后，日本气急败坏，再度增兵，此时却有一名中国军官，带着刚出炉的十九路军部署地图和作战计划去了租界，结果这几份重要文件落入敌手。数日后，三十多天不断受挫的日本军队一下子击中了淞沪守军的要害，逼得国军退出上海。有传闻称这个军官跑去租界不是为了别的，而是去舞厅寻欢作乐，那些机密也不是被日本人搜去的，而是他为了贪图富贵主动献出去的。

是什么人如此丧尽天良、罔顾大义？

如此惊人的事件在短时间内传遍了大江南北和海内外媒体，而当事人正是本书的主人公王赓。

这本该是他扬名天下、一战成名、载入史册的时刻，他却犯下了投敌叛国的罪行，从此被钉上耻辱柱，这中间到底发生了什么？

事发地点在位于黄浦江与苏州河交汇处的礼查饭店。这家上海滩著名的老牌酒店始建于 1846 年，一直以最先引进时髦的事物而闻名，比如最早在 1867 年使用煤气，在 1882 年安装首批电灯，1883年使用自来水。1932 年 2 月 27 日，虽然战事已经进行了近一个月，但还是有不少中外宾客在此享受着歌舞升平的日子。他们不担心外面的战火，因为这里是英国人的租界，日本政府慎重保证不会危及外国人的生命和财产安全。于是 2 月 27 日这天中午，远处的枪炮声暂时沉寂，衣冠楚楚的先生和女士们开始准备享用午餐。突然，楼下厨房传来一阵骚动，只见一名中国男子冲了进来，他看上去大约三十出头，个子一米七左右，手中握着一个皮包，神情惊慌失措，他进来后就大喊自己正在被日本人追捕，求大家帮他先躲起来。那些俄国厨师一时丈二和尚摸不着头脑，既搞不清楚来者是谁，也不知道日军为什么要抓人，但他们为了明哲保身，不肯答应来者的请求。就在双方争执时，一群日本巡警冲了进来，他们穷凶极恶，对着那名男子大喊，手中还挥舞着枪械。那男子用英语大声回答，说自己可以跟日本人走，但是必须按照租界的规定，先去虹口的巡捕房理论。这话一出，看得出来这人对国际法非常了解，知道这里有独立的警署系统，日本人无权在此撒野。不过，虽然日方并没有提供任何抓人的依据，但酒店保安还是和日本人一起将这名男子送去巡捕房。在场的中国员工对此结果义愤填膺，一方面恨日本人跑到这里来公然撒野，一方面也恨自己的外国同事和老板不肯出手相救，于是就地罢工，拒绝提供午餐服务，要求巡捕房立刻放人。被带走的那名男子就是王赓，他的被捕被称为"王赓事件"[84]。

王赓被日本人扣押的消息立刻引起了轩然大波，登上了各大媒体的头条，连远在千里之外的《纽约时报》也对此进行了报道。当时有很多解读，有些人同情他是一个倒霉蛋、战争的无辜受害者，还有人急于给他扣上间谍、叛徒、汉奸的帽子。王家人相信他绝不可能卖国求荣，所以无论事情有多蹊跷，他们一定要把王赓先营救出来。据王赓的外甥游敬熙回忆，他的母亲，王赓的三妹王淑敏，虽然才二十岁出头，却沉着冷静，积极地为长兄四处奔走，一方面联系政府官要，一方面聘请律师。在她和各方的努力下，被关押了三天三夜的王赓总算被日本人释放，对方最后还把话说得非常漂亮，称王赓身份尊贵，因此必须给予礼遇，更何况中日之间本来就不是战争。[85]

王赓好不容易幸运地脱离虎穴，死里逃生，但各种各样的疑问反而因为他轻易被放而铺天盖地地袭来。作为守防军人，为什么他会去租界？被抓之时，身上是否有军事文件被日本人拿走？

对此有好几种不同的说法。

其中最直接、可信度最高的，来自王赓的部下莫雄。当时他的职务是税警总团的总参议，王赓出事后接任总团长。1949年以后，他公开承认自己是长期潜伏在国民党内的中共地下党，因而在政治立场上没有必要帮王赓开脱或隐瞒。他称出事那天，王赓与宋子文有过密谈，当时两人叽叽咕咕说的都是英语，所以他一句也没听懂，估计是有什么重大任务。回到总团时，王赓将一大堆绝密档案悉数交给他保管使用，并告诉他，要去美国驻上海领事馆探访西点军校的同学，莫雄问是何事，王赓则回答，"过两天你自会明白！"[86]根据莫雄的说法，王赓在那天显然并没有携带重要文件，因为他都交给了莫雄，但后者并不知道王赓为什么要去美国领事馆，又是怎么被日本人抓获的。

另一个人提供了更多的细节，将遗留的空白填满，她就是陆小曼。

由于报上有人把这件事活灵活现地说成王赓半夜去探望前妻，因此陆小曼出面撰文澄清。她回忆道：

> 王赓那时并不在正式部队里，而是应宋子文之请主持盐务缉私的军警事宜（是什么名义，我已记不清楚了）。十九路军因为抗日的需要，尤其是因为缺乏良好的炮手，所以向宋子文把他借了过来的。在战斗期间，开炮是一直由他负责的。但是，当时由他指挥打向日本总司令部的炮，老是因为发生一点小差错而不能命中目标，他自己因此感到十分愤急，所以那天他是急匆匆地到美国驻沪领事馆去寻他在西点军校同班的一个美国同学，同是好炮手的那位朋友去研究一下。他那同学是一等参赞，名字我已记不清楚了，只记得就是那名闻全球的辛普逊太太（Mrs.Simpson）的丈夫。那天王赓为了去寻他，坐了一辆破旧的机器脚踏车。谁知道开到外白渡桥上，车子就坏了。他想反正下桥转弯就到了，就走过去吧！王赓平素非常粗心而且糊涂。其实那时美国领事馆早已搬家，原来的地址已经是一个日军的军事机关了（什么名字我也记得了）。王赓是一个深度近

视眼的人，那天正在心不在焉地想着开炮的事情，等到一直走到门口才抬头，想问问那位同学是否在家，谁知道一抬头，看是个日本军在那儿站岗。他一惊慌，扭过头去就往回跑。那时正值天寒，他的军装外边加了一件丝绵袍子，跑起来飘动了下摆，就露出了里面的军装裤子；因此一跑反启日军的疑心，注意到他的军服，他们就立刻就如临大敌，结队在后追捕。他一时无目标地乱跑，跑到了礼查饭店的厨房间，正在恳求那些外国厨子让他躲藏时，厨子不答应，一定要他立刻出去。正在争吵不休声中，日军就冲进来将他扭住。他当时就向日军声称，不用硬扭，走是一定跟着他们走，但是必须到左边的巡捕房中去转一转，因为当时租界上是不能随便逮捕人的，所以他们就一同到了虹口巡捕房。王赓的主要目的就是到了巡捕房就可以要捕房的工作人员将他手里的公事皮包扣留下来；因为其中确有不少的要紧文件，不能落在日军手内的。因此，捕房内的中国人就答应将皮包代为保藏。[87]

陆小曼还补充，这件事是王赓亲口告诉她母亲的，他和陆母的感情一直很好，与陆小曼离婚后还长期保持着来往。

虽然陆小曼和莫雄的描述有些出入，但重要地方基本吻合，那就是王赓那天的目的地是美国领事馆，而且手中的重要文件无论是给了莫雄，还是托付巡捕房保管，都没有落在日本人手里。

关系到王赓一辈子清誉的真相，总算有人肯出来说话，真是不幸中的大幸。不但如此，竟然连敌人也提供了无法辩驳的佐证。被公开的日本外务省内部档案有这样一条记录：

> 27 日午前，一个行踪可疑的中国人，在日本领署和舰船前后徘徊，被巡捕拘留。他试图逃入礼查饭店，但被工部局警察抓获。此人被确认为八十八师独立旅长王赓，目前正被日本宪兵司令部审问，现已经电（告）北平和南京公使。[88]

由此可见，根本没有什么献地图卖国求荣，也没有什么去夜总会跳舞——因为事发的时间是午前。王赓其实就是无数个在自己国家境内，被日方无端骚扰逮捕的无辜受害者之一。这种违法行径在 1932 年已经非常普遍，可这次是因为王赓的身份而受到关注。日军的疑神疑鬼、草木皆兵正好说明他们也很清楚，在这片土地上生活的人对他们恨之入骨。[89]

有关此事的资料中，最珍贵的还是王赓亲手向蒋介石作出说明的信函，文中称：

> 报告（三月十四日于南京）
>
> 事由窃职不幸于二月廿七日被日军拘捕，旋得释外。谨将经过情形呈请鉴核。缘被捕前一日，美国公使馆陆军参赞梅尔来访，云有要事面商，适职赴巘桥视察防线未能晤面，职返部后再四思维，以为对日作战必需外援方有把握，值此军事倥偬之际，该参赞来访必有事故。职在美时，肄业于西点陆军大学，梅参赞系职同学，且现在美国陆大校长康勒、参谋部作战局长

赛蒙士、国联调查团美国代表马考益均系职在西点军校时最亲密之师长，加之国联调查团即将来沪，又史汀生于前一日发表致波拉函，美国似有以实力援助我国之趋势，故推测梅参赞之来访对我国军事与外交或有托职转达之处，本拟即日回访，但未敢擅离防线。翌日适值宋部长电召赴沪，故于访宋之后便道往访梅参赞，此赴美国领事馆之动机也。白渡桥一带，原为工部局维持秩序，初无危险，乃职甫渡白渡桥，即遇日军便衣队侦探查询。职因恐遭不测，即走入礼查饭店，不意因此反致日军便衣队之疑心，尾随入礼查饭店，令工部局巡捕将职拘捕送工部局，后该局又不按规定，取媚日人，将职送交日军司令部。此职被捕之经过也。

自职被捕后，市政府即对工部局提出抗议，梅参赞亦以此不幸之争由彼而起，故力挽英美领事向日军提出严重抗议，故职得早日释出。当职被捕时，随身仅有支票簿数本、璁密（系与宋部长所约）、总密（系与本旅各团所约）及官衔名片数张，除此之外并无重要文件，各项作战计划与命令均存旅部，业经莫代理旅长雄向十九路军及宋部长先后呈明在案，乃外间不察，谣诼纷传，谓因职被捕而遗失重要文件，甚至谓此乃故意之行为，受人指使，陷十九路军于不利。窃职奉职无状，自应撤职查办，但是死不能不明，谣诼不能不息，故特缕呈经过情形，敬乞鉴核彻查，实为德便，谨呈。

王赓在此讲得清清楚楚，他那天是去美国领署回访自己的好友，借以推动美国对华的援助，却不幸走错地方，但他的身上并没携带重要文件。此外有几点完全可以得到独立的证实。首先，礼查饭店当年的地址是黄浦路15号，美国领事馆则设在黄浦路13—14号，而日本领事馆也在不远处的黄浦路106号，因此这几个地方确是比邻而居。不幸的是，几个月前，因为新馆在修建中，美国领事馆从定居了14年的虹口搬到了苏州河以南的江西路。这个消息如果并没有被驻兵在外的王赓马上获知，也情有可原。[90]

王赓称要去见的人叫威廉·梅尔（William Mayer），是当时美国驻华使馆的陆军参赞（military attache），这个说法也被美国方面的文献证实。至于陆小曼为什么记成 Mrs. Simpson 的前夫[91]，就不得而知了。

虽然王赓前往美国领事馆的计划被日本人彻底破坏，但美国却有了"我不杀伯仁，伯仁却因我而死"之感。梅尔参赞和美国驻华大使都为其竭尽所能，极力营救，并联合英方一起向日本提交抗议，《纽约时报》对此连发了好几篇文章。

最让人感动的是，西点军校和普林斯顿大学知道此事后，立刻写信打听王赓的安危。他在普林斯顿的同学还为此进行过讨论，他们虽然不知道内幕，对王赓的了解仅仅也限于短暂的同校生涯，但都斩钉截铁地认为，Ken 绝不可能是叛徒，这点无论如何他们都不会相信，他也许会因为军事原因做些情报工作，但绝不可能背叛中国。

当王赓从日本人那里恢复自由后，他已经是另一个人了。在被关押的三天里，每一分钟都犹如一个世纪般漫长。千丝万缕的思绪在脑中咆哮：为什么会走错地方？为什么如此粗心大意？为什么偏偏如此倒霉？往后的日子该如何继续？谁去安抚急成热锅蚂蚁的亲人？军队那边又该如何复命？如果此生就此结束，他会怎么被世人看待？

没想到的是，等他被放出来后，真正的苦难才刚刚开始。国人见王赓这么快就没事了，疑心顿生，于是报纸上出现了各种恶毒的攻击。

原本粤系的十九路军与蒋介石的南京政府就存在着嫌隙，因此在淞沪抗战中，两派之间各种指挥不力、用兵不当的指责不绝于耳。在这种激烈的政治环境中，各种罪名满天飞，扣帽子已经成为一种有力的武器，谁碰上都会不得善终。

原本派系斗争就常常罔顾事实，还偏偏还遇上了"唯恐天下不乱"的娱乐小报。他们为了吸引读者的眼球，在一旁添油加醋、煽风点火，炮制出各种夸张的丑闻，比如将问题人物说成纵欲过度、淫荡好色。九一八事变后，民间就出现了"张学良伴舞失东北"之说。当时马君武写了《哀沈阳》二首，大大地讥讽少帅是"沈阳已陷休回顾，更抱佳人舞几回"。一年后，类似的传言——"王赓献地图"也被渲染得沸沸扬扬，燕京大学教授邓之诚也写了一首《后鸳湖曲》，刊登于1932年3月12日的北平《新晨报》，讽刺王赓为了和陆小曼幽会而丢失地图[92]。文化界还编了一部《王赓献地图》的舞台剧。曾经因为喜爱莎士比亚而获得这个绰号的王赓无论如何都不会料到，自己有一天会以一个勾结敌人、出卖国家的反派形象出现在舞台上。但也有人站出来，反对大众将重点放在私生活、道德上，而不进行社会层面的反思，那人就是徐志摩的好友吴宓。他撰文否认淞沪抗战的败局与王赓有关："淞沪之役的终于败退，早已成为定局，绝非区区一张军用地图所可旋转乾坤。"他强调，"至若离婚未为失德，琐事无关大局。沪战全局胜败，决不系此"。[93] 但持此观点的毕竟是少数，在外敌入侵的当下，很多人没工夫研究事实，也没心情探讨逻辑。[94]

事实上，如果王赓真的前去投靠日本人，怎么会被狼狈追捕，还搞出这么大的动静，正如罗家伦所说，"假定他要出卖军事秘密，在当时租界里有的是门路，决不会做得这样笨"[95]。可惜种种无稽的传闻没有因为时间的推移而烟消云散，反而因为新生的"罪证"而被越描越黑。蒋光鼐、蔡廷锴和淞沪警备司令戴戟在后来的《十九路军淞沪抗战回忆》中称："王赓以税警团旅长身份与会，散会后王取去十九路军'部署地图'和'作战计划'各一份（当时在会场上散发的）。王当晚跑到租界舞厅跳舞，被日军侦知。"[96] 短短几句话，一下子坐实了最骇人的坊间传闻：王赓不但拿了地图，还在开战之际跑到风月场所去风流快活。虽然这个说辞也经不起推敲——如果他是个那么爱玩的人，当年就不会被陆小曼万般嫌弃，何况他那天被捕的时间是午前，怎么可能是去歌舞厅？可蒋、蔡、戴三人是淞沪抗战的最高统帅，他们的话极有分量，这岂不意味着事情再次变得扑朔迷离？

令人庆幸的是，一封当年蒋光鼐亲手给王赓写的信被发现：

抄蒋光鼐来电

南京委员长蒋军政部长何：密，王赓旅长前以失慎误入敌阵地被捕。顷据莫代团长函电称并无遗失重要公文命令等语。查该王赓平素敦行励节，德学兼优，望体念请缨杀敌不无微劳，曲加矜全为荷。职蒋光鼐、蔡廷锴、戴戟叩。

这封手函完全反驳了后来"跳舞丢地图"的叙述。要知道，蒋光鼐并非蒋介石的亲信，和宋子文也没有交情，他肯在关键时刻为了一个非亲非故、没有利用价值的人辩白求情，可能性只有一个，那就是他不愿让一个无辜之人蒙冤。

王赓被释放后自知兹事体大，于是主动跑到上海警察厅投案，让警卫带自己去南京受审。一开始宪兵司令部不知所措，让他去找军政部军法司，结果军法司也不肯插手，让他的案子在官僚体系里成为了烫手山芋。在这段"前途未卜"的时间里，有记者前去探访，王赓借此表明心迹："此次被传，静待发落，万一有所不幸，心依甘服，唯外传余有通敌嫌疑，死难瞑目……然余心迹坦白、静候侦查，不难水落石出也。"[97]

最终他的案子在 7 月 31 日开庭。高等军事法庭经过数次会审，宣布王赓的泄密指控查无其事，因此叛敌大罪被洗刷干净，但"擅离戒严地点，事先未经呈报"仍为大过，因而判处王赓两年零六个月的有期徒刑。[98]

此事一出，王赓的军人生涯就此断送，虽然他试图主动请缨上前线来证明清白，但迫于舆论，军方高层已不再可能赋予他重任。原本中日之间最大的差距之一就是武器装备，而不是士气和斗志。日本最后能战胜在上海英勇抗敌的中国将士，就是因为动用了多艘航空母舰、几百架飞机、大量先进的坦克和大炮，而中国军队却主要还用着步枪，穿着草鞋，拿铲子挖战壕，用铁丝网来建立防御，靠驴车来运输物资，更别提像日本那样陆海空三方协调作战。这条巨大的鸿沟需要先进的知识和技术才能跨越，王赓恰恰是有此能力的人，可偏偏在狂热的讨伐内奸浪潮中被拿出来祭旗，再无法以军人的身份为国效力。

于是在南京的陆军监狱中，那张判决书上的"贰年陆月"化作了九百多个身陷囹圄的日日夜夜。

国民政府的大牢从未以它的人性化出名，甚至还有报道称，王赓因为"卖国贼"头衔在狱中受到刁难。[99]

那是怎样的一段日子？每日清晨，太阳从铁窗的栏杆中照进来，在地上拉出一条条细长的影子，到了傍晚，明亮的光线又逐渐消失在窗外的落日余晖中。夜幕低垂，银色的月光洒满床前，在坑坑洼洼的地上散发着晶莹的亮光。这样的晚上他会做梦，梦中又回到了无锡老家，他似乎还是个孩子，坐在一条轻快的小船里，周围盛开着散发清甜味道的莲花，他顺手摘了一个莲蓬，突然两岸站满了人，一张张脸都横眉立目，对他大喊说他是小偷，他涨红了脸，却发不出声音，然后惊醒，发现自己睡在牢房的木床上。

南京的夏天，牢房里闷热得像一个蒸笼，偶尔到了下暴雨的日子，外面的风声和雨声噼里啪啦的，水花毫无顾忌地溅来，接下来好几日都会很潮湿。这时他会特别想家，想念母亲在这个季节为大家准备的绿豆汤和清爽小菜。待到冬天，窗外阴冷的寒风中有几只飞鸟划过，翱翔的身姿诉说着外面天空的广阔。

自幼时读书起，王赓就一直忙忙碌碌，没有停止过学习和工作，时间的巨轮转得飞快，日子也呼啸而过，如今他终于闲暇，可以慢慢品味冬去春来，可惜并不如他所想象的，发生在功成名就、国泰民安的未来，而恰恰在国家最需要他和他正在积累自我价值的途中。其中的讽刺和反转让他一遍遍想到《麦克白》里的那句名言："人生有如痴人说梦，满是喧哗与骚动，却无任何意义。"

还好身边细微却感人的柔情安抚着王赓，不至于让他坠入虚无的深渊。日后成为著名作曲家的周文中先生的母亲每天去牢中给他送饭。[100]周文中先生成就非凡，是第一位被西方认可的华人作曲家，与画家赵无极和建筑大师贝聿铭并称为华人"艺术三宝"。他的父亲周仲洁与王赓的母亲都是常州人，因而有了交情。另外，周老先生参加过接收青岛的外交协商与津浦铁路的管理，后来他的儿子周文中先生娶了张歆海的钢琴家女儿，而张歆海又与王赓相熟，都属于与王赓有过接触的圈子。在这个圈子里，声援王赓的绝不止周老先生一位，但凡对王赓有些了解的人都不会相信外界离谱的传闻，连陆小曼的侄女也说："我们家里人，根据他平时不爱虚荣、不贪小利、节俭朴素、诚实可靠等比较正派的生活作风和爱国思想，都认为他并不是那种甘心'献地图'的卖国之徒。"[101]因为这些人的深信不疑，远在美国的西点军校还特别撰文，指出这件灾祸让王赓的真实名声不降反升。

在家中，母亲常常在佛像前祈求保佑平安。她给儿子的书信颇为云淡风轻，提到自己身体健康，弟妹很孝顺争气，务必放下过往，好好保重身体，未来的日子还长着。每看到这些话，王赓的身体里便流入一股暖流，自己闯了这么大的祸，母亲只有心疼，从未有一句责怪。他又想起四弟和六弟，两人都是读书的好苗子，接下来要快点想办法送出去留学。对亲人的记挂和对弟妹的责任让他生出一种踏实感，仿佛在惆怅的海洋中抓到一根横木。或许这辈子他不可能再干一番轰轰烈烈的事业，但他至少可以好好照顾身边的人。

等到他重获自由时，身体已彻底垮掉了。原本他是一名体格健壮的军人，但因为牢中的艰苦条件而患上了严重的肾病，以致骨瘦如柴，几乎认不出来，大家见到后不禁心如刀绞，只能祷告他早日恢复，余生再无苦难。

第三章　砥砺蛰伏

——"如对外开战，定会挺身而出"

　　带着病魔缠身的躯体和受尽煎熬的心灵，王赓在刑满后决定暂时离别故土。报上称他受到一位神秘人物的协助，此番赴法游历考察，将来再为国效劳。最有可能把王赓送到国外的就是宋子文。当初王赓是否把重要文件带走，有没有献地图给日本人，从而导致了我军撤防，他最清楚。宋子文虽然脾气火暴，但他既然知道王赓的为人，肯定愿意伸出援手，帮助他渡过难关。

　　二十多年前的王赓，满载着理想，在一片喝彩声中走出国门，现在作为一个刚刚被释放的犯人，这次他走得悄然无声，去一个没有人知道的地方，静静养好身上的病痛，同时也避开舆论的风头。欧洲就成了那个最合适的避风港。

　　这一时期，王赓给他的三妹、三妹夫写了几封书信，幸而被保

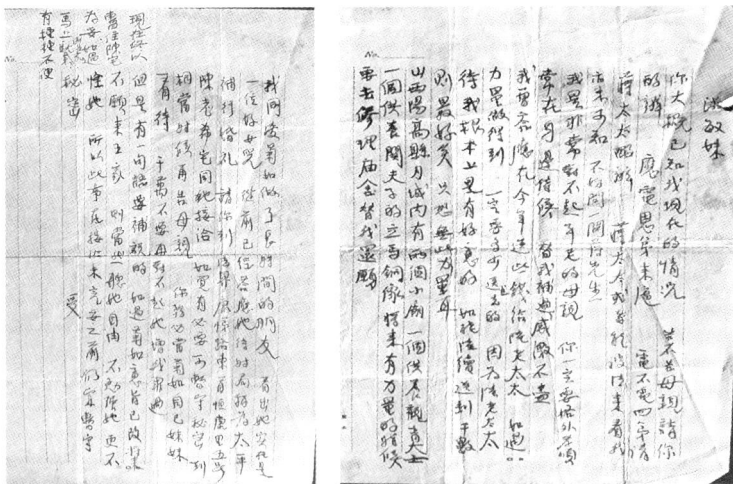

图 3.3.1：王赓给三妹的亲笔信。

留了下来。三妹淑敏此时已经嫁给了王赓的好友和部下游弥坚。游弥坚生在台湾，日寇占台后，他来到大陆闯荡，成为蒋百里的秘书，后入税警团为军务处长。王赓对这个年轻的部下非常赏识，便把有勇有谋的三妹淑敏介绍给了他。这些珍贵的信件展露了王赓最家常的一面。其中有一封信的内容出人意料，应该作于王赓刚刚被关押的时候。

信的内容如下：

淑敏妹

你大概已知我现在的情况，告不告母亲请你斟酌。

应电四弟来沪，电不电四弟请蒋太太斟酌，蒋太太或者能设法来看我亦未可知，不妨问一问蒋先生。

我是非常对不起年老的母亲，你一定要格外孝顺，常在身边侍候，替我补过，感激不尽。

我曾答应在今年送些钱给陆老太太，如过（果）力量做得到，一定要多少送些去的，因为陆老太太待我根本上是有好意的，如能陆续送到千数，则最好矣。只恐无此力量耳。

山西阳高县月城内有两个小庙，一个供养观音大士，一个供养关夫子的立马铜像，将来有力量的时候要去修理庙舍，替我还愿。

我同凌菊如做了长时间的朋友，看出她实在是一位好女儿，从前已经答应她，待时局稍为太平，补行婚礼。

请你到法界康悌路东首恒康里五号陈志希宅同她接洽，如觉有必要可暂守秘密，到相当时候再告母亲。你务必当菊如如自己妹妹看待，千万不要再对不起她，增我罪过。

但有一句语是要补说的，如果菊如意旨已改，将来不愿来王家，则当然听她自由，不勉强她，更不怪她，所以此事在接洽未完妥之前仍宜暂守秘密。现在终以暂住陈宅为妥，如过（果）到我家，马上就来，有种种不便。

王赓的这封信透露很多信息。他首先提到两位的老太太应该就是蒋百里的妻子蒋夫人和陆小曼的母亲陆夫人。因为王赓和蒋百里亲如手足，蒋夫人也和王家的女眷非常要好，因此王赓请她来定夺到底要不要把四弟从无锡老家叫来上海应对家中事务。陆小曼的母亲与王赓一直往来密切，这点众人皆知。陆家因为陆老临终时将财产都捐给了政府，女婿徐志摩又不幸去世，因而生活拮据，王赓此时虽自身难保却仍想着接济陆老夫人。

当然这封信最出人意料的地方是那位叫凌菊如的女士。她比王赓小了十几岁，在上海读的书，是一名律师，属于当时少数从事这一行业的女性。王赓还没有跟家中提过她的存在，但显然两人的关系非同寻常，已到了谈婚论嫁的地步。这一点更是有力地证明了，王赓之前不可能如坊间所传的去夜会陆小曼，因为他已经遇到了一个"好女儿"。[102]

虽然王赓说起那个"她"的口气依然不是徐志摩那般痴狂和激情，但惜字如金的他还是在寥寥几言里透露出对凌菊如的温柔和关爱。有很多说法为了迎合读者的想象，把王赓包装成一个痴情种，说他后半生对陆小曼念念不忘而至死未娶。这个形象虽然很打动人，但也全是虚名。在王赓至此三十七年的生命里，只有过三年短暂的婚姻，又是聚少离多，以背叛收场。因此他能在上一段惨痛的关系结束后，再次找到一个两情相悦之人，那是何等珍贵和值得庆幸。

信中还说他去过山西的两个小庙，其中一个供的是观音，另一个供的是关公。这让人想到之前的一篇报道里，记者在后面写有这样一句："王君言时，态度依若，并谓余昔日在神前祈祷，一切心愿未了。"[103] 原来王赓虽受过现代教育，长期生活在基督教国家里，整日研究飞机坦克，但内心依然相信中国的神灵。他在观音和关公面前祈求的应该跟普通人差不多，那就是事业发达（立下军功）、娶妻生子、传承香火。然而这一切，在1932年2月27日午前，他骑车前往租界的那一刻起全都成了泡影。

总之，这个差点和王赓携手共度、给了他一个向往已久的家的凌女士，新中国成立前去了台湾。她与王赓的感情无疾而终，与当时的舆论环境息息相关。比如曾经有过这样一份离奇的报道[104]，称一位姓林的神秘女士去牢中对王赓"嘘寒问暖"，她一日不见王赓就坐立不安，王赓也难忘此美女云云。

这条旧新闻与其他各种"地下传闻"同出于小报媒体。他们一会儿说王赓去租界跳舞，一会儿又说他去幽会陆小曼，现在又莫名其妙地扯出一个"林女士"。但根据王赓的亲笔信判断，这篇文章的主人公应该就是凌菊如。"凌"这个姓非常少见，所以被记者错认为"林"也不意外。从这篇文章语气可以看出，王赓被捕后，各种舆论的非议和闲言滚滚而来。凌菊如光去探监就被报纸大做文章，如果继续这段感情，就意味着不但要等王赓出狱，还要承担"与汉奸双宿双飞"的骂名，这一切岂是一个年轻姑娘能够承受的？这些难处王赓一定也会想到，所以他让对方做决定，甚至还会为对方着想而主动提出分手。

王赓没有等到凌女士。在 1934 年到 1935 年一个人游居欧洲这段时间里，他信中反复出现的话题就是钱。王赓在国外修养的开支可观，之前坐了两年半的牢，因此急需收入。另外，此时四弟王兼士在德国上学，六弟王序需要出国深造，二弟慕山和一直追随母亲的冯家侄子季新又缺乏自立能力，因此如何整合资源来维持这个大家族，成了王赓与三妹淑敏、妹夫弥坚讨论的重点。对此王赓虽人在海外，但通过写信穿针引线，帮助家中子弟寻求职务，比如鼓励妹夫游弥坚去应聘一家即将兴建的中德合资的钢厂。王赓在德国时与负责钢厂的邵上校（Major Schaumburg）建立了友谊，因此大力推荐这个就职机会。另一方面，王赓积极协助四弟王兼士申请留学津贴，并留意各种奖学金。此外，他也向朋友求助——也就是他在信中提到的向蒋、赵两家借钱救急。蒋就是蒋百里，赵基本就是赵元任。

图 3.3.2：《精华》1932 年 5 月 19 日的报道。

王赓在经济上存在困难，在那一代知识分子中非常具有普遍性。虽然这群人有机会进入学术机构和政府部门，但赚来的工资难以转化成长期财富，因此一旦遇上欠薪、战乱或额外开支，就会陷入困境。徐志摩就是一个很好的例子。虽然他教书的收入可观，但当他失去了商人父亲的资助后，依然养不起养尊处优的陆小曼，最后被迫打起了堂兄蒋百里的主意——徐志摩得知蒋百里有意出售一套洋房，便想当中介来赚这笔外快。由此可见，在那个没有社会保障和国家福利的时代，文人阶层的生活虽然看起来优于一般民众，却一直没有脱离陷入贫困的危险。但即便生活充满焦虑，他们也没有因此看重钱财，而是用侠义心肠构建起一个互助互信的关系网，分享和分摊有限的资源。例如，胡适就颇为慷慨；著名教育家蔡元培和清华老校长梅贻琦也从不为自己攒钱，对别人却出手阔绰。同样的道理，王赓在有能力时尽力帮衬别人，曾借蒋百里不少钱，在他需要的时候也会寻求帮助。

王赓的信里除了为钱操心外，还分享了一些养生的心得。另外，他还对妹夫游弥坚提出忠告，觉得自己过去太热心，做事急躁，结果吃了大亏。如今他开始涉猎一些经济方面的书籍，思索起如何经营实业。这些修身养性、柴米油盐的话题让人感到中年人身上特有的谨言慎行和明哲保身。那段时间里，王赓还曾一度写信给普林斯顿大学，表示打算去慕尼黑读书，希望校方能提供成绩单。如果能丢下这一切，重新回到那个干净、简单的校园该多好啊，但最终因为母亲年事已高，家中缺少依靠，他在1935年秋天悄然回国。所幸在一阵东凑西补后，四弟王兼士和六弟王序都顺利出国深造。王兼士在1935年获得德国慕尼黑大学的经济学博士，回国后进入银行业，并第一个将凯恩斯（Keynes）的著作介绍给中国读者。据他的幼子回忆，王兼士选择经济专业是受到王赓好友徐新六的影响。徐新六是段祺瑞的财政部秘书，与蒋百里一样是梁启超的左右手，两人一个研究军事，一个钻研经济，同团参与巴黎和会，也都成了王赓的莫逆之交。王兼士毕业后正好与兄长王赓一同回国，他们离开之前与在维也纳大学深造的六弟王序短聚。王序学的是化学，刚从沪江大学毕业。他的求学之路应该也受到王赓的朋友、北京大学化学系的教授汪浏的指点。父亲走得早，王赓待弟妹亦父亦兄，好在如今家中又出现了两个读书的好苗子。

面对回国一事，王赓一直有些忐忑不安，他在信里关照家人切记勿声张。回去后他本打算回避一切军职，安稳过日子，但有一个人让他改变了初衷，此人就是被美誉为"兵工之父"的俞大维。本来在王赓面前没几人可以夸口读书读得好，可俞大维偏偏就是这样一个例外。他本科在哈佛读哲学，因为成绩优异，毕业后获奖学金前往柏林大学深造，在那里遇上爱因斯坦。初生牛犊不怕虎，他在爱因斯坦的课堂上受到启发，写了一篇论文投到爱因斯坦主编的杂志上，被顺利刊登，成为这本德国先锋杂志的第一个中国作者。这本杂志的第二个中国作者是华罗庚，这两位数学天才还成了一生的好友。俞大维来自书香门第，族中人才济济，跨越不同领域，但最出名的当属他的表哥陈寅恪和妹夫傅斯年，陈寅恪在清华执教时被誉为"教授的教授"，傅斯年是有名的"傅大炮"，写过檄文逼孔祥熙和宋子文下台。这三名青年当年曾一同在柏林求学，后来俞娶了陈的妹妹，傅又娶了俞的妹妹，更是亲上加亲。人际资源显赫的俞大维，本来可以在国民政府中当上大官，但是他认准了中国最需要的是最先进的武器装备，而且必须本土生产而不是一味依赖进口，于是他推掉其他职位，专心经营兵工署。就是这样一个让人信服的主事者，非常倚重王赓，俞母还和王母结拜金兰，以姐妹相称。在王赓坐牢时俞大维劝他切记不要消沉，将来必有机会报国。王赓回答："如对外开战，定会挺身而出。"

第四章　涅槃重生

——国难当头，再担重任

这一天来得也很快，王赓 1935 年回国，第二年就爆发了西安事变，一致对外的统一战线初步形成，第三年，日本发动七七事变，让国民政府忍无可忍，全面抗战的第一枪在华北上空打响。

在整个民族面临生死存亡的关头，王赓对重返政府任职的犹豫一扫而空，他找到俞大维，要实现当年的承诺。俞大维深知王赓的能力，立刻任命他为兵工署昆明办事处处长和兵工研究委员。

在中日的大决战中，双方武器间差距的问题比任何时候都更尖锐、更需解决。国民政府作为原本就落后的一方，必须在最残酷紧张的环境中迎头追赶。

在工业基础薄弱，又缺少科研开发的情况下，俞大维和王赓的团队成功将欧美先进的军工技术植入中国，仿制出类似德国毛瑟

98k、捷克 ZB-26 轻机枪和马克沁 MG08 重机枪的国产型号。兵工署还将射击管的口径一律统一为 7.92 毫米，实现了子弹通用，大大方便了弹药的生产。在重武器方面，兵工署成功研制出可以与德式的 SFH-18 媲美的 150 毫米榴弹炮弹，让中国军队的火药威力强大了起来。俞大维不光钻研已经成熟的技术，他还派吴大猷、曾昭抡、华罗庚等专家赴美研究原子弹，对未来的竞争提早做好准备。

王赓拖着孱弱的身体，投入到兵工署繁忙的工作中。孑然一身的他自己不开伙，而是经常去附近的三妹家吃饭。如今，比他小十二岁的三妹淑敏已接连生了三个儿子。淑敏叮嘱孩子们，看到舅舅要有礼貌不能淘气。王赓的外甥游敬熙依然记得，这个舅舅身材清瘦，头大大的，戴着副斯文的眼镜。很奇怪的是每次桌上摆着鱼肉他都不吃，而是专挑一些清淡的蔬菜豆腐，妈妈说是因为他有病，这也太可怜了。舅舅虽然穿着军装但其实并不凶，有空还会花时间陪他们几个一起坐在地上玩耍。有一次，妈妈说着话指着二弟游宗熙说，把你过继给舅舅了。二弟一听换了一个爹，很开心地同意了，从此他就管舅舅王赓叫寄爹。

这时，比王赓小十岁的四弟王兼士也结婚了。据王兼士的儿子说，原定的结亲对象是蒋百里的女儿蒋昭，即蒋家"五朵金花"的老大，可惜这个大女儿早早因病离世。

王兼士的妻子同样来自无锡的书香世家，她有一位哥哥叫顾毓琇，那是一个文艺复兴式的全才，是博雅教育最高境界的代表，拥有"清华的达·芬奇"的称号。要说博学兼修，顾毓琇不但精通工程、科学、诗歌、戏剧、音乐、禅学等众多领域，而且常常在这些领域做出创新和突破，[105] 若要看社会影响力和行动力，他创办了中国第一所戏剧学院、音乐学院和航空研究所，还出任过中央大学校长和国立政治大学校长。如果论起个人关系，他是钱伟长、钱学森、吴健雄、曹禺爱戴的先生，是冰心与吴文藻的媒人，是周恩来敬重的前辈，还是梁启超、蔡元培、胡适、梅贻琦、梁实秋等大师们的挚友。顾家那一代有六个儿子，结果把唯一的女儿顾毓桐嫁给了王赓的四弟王兼士。婚礼在香港半岛酒店举行，顾毓琇请到德高望重的蔡元培为自己的妹妹主持仪式，当时在香港避难的众多文化名人都到场祝贺。[106]

这桩婚姻还牵扯出一桩有关陈寅恪的轶事。陈先生遗失多年的《唐代政治史述论稿》手稿在 1980 年突然重见天日，让学界无比兴奋。原来早在 1941 年，陈寅恪在香港将一摞誊抄得工工整整的稿件题上"请交上海浙江兴业银行王兼士先生收存弟寅恪敬托"并寄往上海，希望委托王兼士将自己的心血藏入银行的保险柜。无奈两人后来失去联络，但王兼士一直没有忘记大学者的托付，暗中保护书稿，在 20 世纪 80 年代让其重见天日。

王兼士和顾毓桐的结合可以说是门当户对，因为他们来自同一家族群体，既有一定的乡绅官宦传统，又受到了新式欧美教育的洗礼，因而能轻易穿梭于民国的学界、政界和商界之间，相互娶嫁的对象也都拥有相同的阶层背景。谁知王赓突然违反了这个常见的婚恋模式。就当周围的人以为他会孤独终老时，他经人介绍在 1939 年结婚了。他的妻子叫陈剑趣，祖籍广东，是一名未能完成学业的美术系大学生，不像陆小曼那样出自名门，也不是凌菊如那样的新式

图 **3.4.1**：王兼士和顾毓桐的结婚照

职业女性。

　　他们的婚礼在还未被日本占领的香港举行。照片里陈剑趣的发型和打扮都很时髦，王赓依然表现出他标志性的木讷和书生气，此时他因健康问题过早谢顶，那个曾经朝气蓬勃、充满活力的中国少年已经变成带着一身疾病和回忆的中年人。

　　王赓在兵工署的属下陈宛茵回忆说，陈剑趣"除了年轻貌美以外，一无所长"。他到王赓家时，总见到"王处长捧着一本原版的德文书埋头阅读，而那位王太太则在一旁翻弄她的新服装。两人互不交谈，漠不相关"。[107] 仅凭借几个短暂的印象就评判别人的婚姻关系太过草率。只能说王赓仍然痴迷工作，何况他从来就不是一个表面

图 3.4.2：王赓与陈剑趣的结婚照。

浪漫的人。但可以确定的是，家庭带给他前所未有的喜悦，尤其是儿子的诞生——王赓在四十五岁那年总算迎来了自己的后代，之前被过继来的侄子，也被送还给了三妹身边。王赓为儿子取名为兴安，所谓"兴家得子，意足心安"，此外他还曾在一封信中提到广西有个地方叫"兴安"，在桂林东北，有如世外桃源般适合居住，为儿子取此名，恐怕也是期望此儿能一辈子平安喜乐，远离苦难。据说其子兴安在婴儿时期白白胖胖，额头很宽，身边的人都说这个孩子一看就是块读书的料，将来会像王赓一样学富五车。

两年后，王赓的女儿诞生了，他给女儿取名"盛宏"，取"盛大理想宏步前进"之意，虽然王赓骨子里还是有些重男轻女，认为只

图 **3.4.3**：王母抱着孙子。

图 **3.4.4**：陈剑趣和儿子王兴安。

图 **3.4.5**：王赓夫妇与儿子。

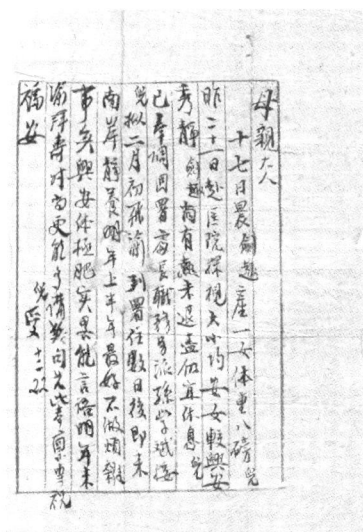

图3.4.6：王赓给母亲的信。

有儿子才会赓续王氏家业，但是在给女儿的名字上绝没有显示出来。如今他不但有子万事足，还儿女双全，这个家虽然来得很迟，却已充满生命力。盛宏刚出生时，王赓写信给住在重庆的母亲报平安，计划着明年全家一起去给她拜寿。

在温馨的家庭生活中，王赓的健康却一直是一个隐患。王赓的属下陈宛茵回忆称，因为王赓患有严重的心脏病和肾脏病，一日三餐必须由勤务兵专门给他煮些黄豆芽、豆腐之类的素菜。而且他"不摆长官架子，平易近人"，所以大家戏称他为"王头"。有时他旧病复发，倒地不起，旁边的青年非但不帮忙扶起，反而取笑说："哟！快看，'王头'量地皮啦！"王赓的脾气极好，也不和看热闹的人一般计较。这时的他过得充实和满足，有关心爱护他的家人，有自己热爱的事业，还有了可爱的儿女。

六弟王序想到大哥体弱，两个孩子又年幼，为了能够照顾好王赓一家，便决定离开浙江大学，前往昆明附近的北平研究院教书。浙江大学虽然因战乱在贵州落脚，但在校长著名气象学家竺可桢的治理下蒸蒸日上，从一个地方性的大学跃升为全国排名前列的综合性大学，在物理、农学、数学、化工等方面的表现尤其突出。后来英国学者李约瑟来浙江大学考察，称其为东方的剑桥大学。浙江大学的成功，与"校长治校""教授共治"有莫大的关系。在这个自由独立的空间里，竺可桢可以放手招兵买马，广揽英才。

竺可桢听到王序要辞职，自然感到很惋惜，因为像王序那样顶尖的化学人才在国内非常稀少，等于是浙大化学系的半壁江山。更何况王序和他一样热爱网球，他一走，网球场还会少一名旗鼓相当的对手。为此竺可桢在日记里写道，好几次尝试挽留王序，甚至提出干脆把他那个美国留过学的大哥王赓也聘过来，但最后没有成功。[108]此时王序二十九岁，年轻有为，一表人才，颇有其兄当年的风采，很招人喜欢。他的两名助教胡嫘、纪纫容对他非常忠心，也决定一起随他去昆明。在照顾王赓一家起居的过程中，这三人的感情更加亲密，通过自由恋爱共同组成了一个一男二女的独特家庭，两名妻子不分彼此，相处融洽。

1940 年 11 月，王赓从兵工署调任军事委员会运输统治局，担任昆明办事处的处长。他要面对的是抗战时期极为特殊的人与物的地域性大迁移，其规模之大、距离之遥，在中国历史上可谓绝无仅有。

众所周知，中国的教育和工业主要集中在东南沿海地区，随着日军对这些地方的攻占，文化和经济的命脉面临被切断的风险。为了保卫国本，大量知识分子和高校师生甘愿放弃发达先进的大城市，选择一边在颠簸流离中撤退，一边坚持读书授课。所幸国民政府在最艰苦的时候并没有舍弃文化教育事业，创造了抗战时期的教育奇

图 **3.4.7**：王序、胡婑、纪纫容和王赓的两名子女。

迹。仅以高等教育为例，在此期间，大学的数量由战前的 108 所增至 1945 年的 141 所；在校师生人数也增加了 48%。更难能可贵的是，上层经过一番激烈争论达成共识，保留"百年树人，改造国民性"的常规教育，而不采用急功近利的战时军训，因为"国家未来的路还很长"。[109] 于是在大后方重组的西南联大依然实行"通才教育"，即"博雅教育"，以最人文和最综合的教育救助来回应校歌所唱的"千秋耻，终当雪。中兴业，须人杰"。

在这种团结、自由和尊重的氛围下，原本偏僻的西南地区呈现出一片亮丽的文化江山，而昆明则是其耀眼的中心。光在联大任教的就有陈寅恪、闻一多、朱自清、钱锺书、沈从文、吴晗、钱穆、冯友兰、叶企孙、金岳霖、朱光潜、费孝通、吴有训、傅斯年等顶级学者，下面聆听的学生里有杨振宁、李政道、许渊冲、汪曾祺、赵九章、邓稼先等未来的大师。

王赓虽然任职军界，却仍然与文化界多有交集。

有一次，他派车送学者们去昆明郊外龙泉镇的棕皮营"串门"。为躲避日军的轰炸，历史语言研究所、中央博物馆、营造学社及他们的成员梁思成、林徽因、傅斯年、李济等人都安扎在这个偏远之地。那一日，王赓开车将费正清、老舍，还有为他写文辩护的吴宓等一干人接去那里访友聚会。在战火纷飞的岁月里，能偷浮生半日闲，参加一场文人相逢的盛会，是多美好。据在场的人回忆，王赓把自己的母亲也带去了。这位生他养他的女人虽然缠过小脚，没受过高等教育，却开明大方，善解人意，不但体恤了解王赓，同时也能加入儿子的社交圈，母子俩因此非常默契。[110]

王赓用职务之便，不但促成文人学者间的聚会，还积极解决他们运输方面的难题。傅斯年有两封写给王赓的电报，其中一份查询史语所（中央研究院历史语言研究所）的运物，另一份委托王赓照顾自己在旅途中的妻子。[111] 1941 年，昆明时局紧急，傅斯年本人在重庆，又设法把史语所迁往四川省南溪县李庄镇。于是傅斯年的太太携幼子及所中同事数十人，需要分乘两部破旧大巴士，穿越群山万壑，才能抵达四川。

当时的史语所共分四个板块：历史组的陈寅恪负责整理内阁大库档案，语言组的赵元任负责调查全国方言，考古组的李济负责发掘并整理安阳殷墟，人类学的吴定良则从事少数民族调查。借此可以想象，将史语所所有的书籍、拓片、标本、古物、仪器等从当时的首都南京一路运到四川是何等艰巨的任务，同时也关系着傅斯年夫人和独子的安危，还好运输系统内有王赓给予帮助和照应。

就是这批文化精英，在重重苦难中坚守着高尚的人格，不断证明什么是"富贵不能淫""威武不能屈"。比如当时美国邀请梁思成出国讲学，这不仅意味着梁思成一家能逃离战火，还可以让长期受肺病折磨的林徽因去治病。梁回复道："我的祖国正在灾难中，我不能离开她；假使我必须死在刺刀和炸弹下，我也要死在祖国的土地上。"教育部争取到一笔经费作为特别补贴发放给高校教师们，谁想这笔雪中送炭的钱居然被他们婉拒了。教授们联名写信，强调献身教育、启迪后进是他们的天职，在此全民受难之际，不敢享受特殊待遇。后来联大又把孔祥熙拨给他们的十万大洋全部捐给昆明人民，以报答他们的收留之恩。[112]

通过这些互动，阶层间的交流与理解不断增进，精英和民众间的距离也被缩小，地域间的差别得以均衡，文化和科技也传播得更广。这些交往和磨合有如不同轨迹的河流，经过九曲百转而融合在一起，王赓也是里面的一支。在昆明的日子里，他不但接触到来自全国各地的学者和文人，同时还有云南本地的劳工和平民。在各种工程中，最为耀眼的当属被称作抗战生命线的滇缅公路，它在日军全面封锁沿海地区的情况下，开通了大后方与世界的连接。此项目的总办是宋家最小的儿子，一向低调的宋子良，他也如其兄一样，非常欣赏王赓的能力。在修建公路前，当局曾向国际社会招标，但外国公司一上来就要求中方提供先进的设备，并给出六七年的时间，逼得中方只能自己解决。在无数海外人士为此踊跃捐款后，国民政府召集了当地所有的劳动力，老弱妇孺齐上阵，硬是在仅仅九个月的时间里，靠二十万临时工，用锥子、榔头等简易工具，一寸一寸地将这条途经原始密林、高山峡谷，湍急河流等险恶地形的救命国际通道给抠了出来。公路建成后，严重缺乏能开长途的司机。消息一传开，有三千多名华侨先后回到祖国效力，甚至还有女子为了被录取假扮成男人。这些归国青年成了滇缅公路上运输的主力。靠着二十四小时不间断的行驶，海外物资和援助得以源源不断地输入中国。滇缅公路的成功铺就彰显着各族人民、海外侨胞还有国际盟友对抗法西斯的共同决心。

日后著名的中国远征军从这里走出国门，进入缅甸作战，在那里给了日本重重一击，直接扭转了败局。这支队伍的前身就是税警总团，带兵的孙立人当年在王赓手下担任团长，他本身也从清华和美国军校毕业。如果不是 1932 年的那起事件，王赓应该也有机会同孙立人一样，在抗战第一线歼灭日寇，九死一生在所不惜。无锡的嘉乐堂绝没有贪生怕死之辈，王赓在一封信里提到比自己小一辈的王孟恢也到了昆明，进入中央航空学校学习飞行。王孟恢和他的同学们都是二十岁出头，经过千挑百选、体能出色的青年，其中不乏受过良好教育、家境优渥的贵公子，有些已经订了婚，但眼看着日军没日没夜地对平民进行狂轰滥炸，他们发誓一定要在天上对敌人以牙还牙。这些飞行员个个坚勇无比，谱写了一首又一首英雄之歌，但也付出了极大的代价，有一半以上的飞行员为国捐躯。王孟恢在 1941 年 6 月飞赴昆明，经龙海镇时不幸撞山殉职。消息传来，举家哀悼。航空是王赓亲手开拓的领域，但那无情的天空侵吞了一个个中华健儿的生命，怎能不让人更加期望早日战胜敌人，还家乡和世界和平？可惜当时的王赓无法知道，他永远等不来战争的结束，因为死神正飞速向他靠近。

第五章　日落星垂

——"抵抗至胜利为止"

1942 年年初，国民政府派出以熊式辉为首的军事代表团前往美国寻求援助。王赓的老上司宋子文得知会议主席艾森豪威尔将军毕业于西点军校后，便指派王赓一同前往，以便让他跟这位已是美国盟军统帅的校友多交流。王赓一方面不能辜负宋子文的这份重托，另一方面，他的语言能力，对美国精英层的熟悉程度，还有对军事装备和运输的了解，确实也非他人可及。于是王赓不顾身体抱恙，再次毅然踏上赴美之路。这个报效祖国、一洗前耻的机会，对他来说，甚至可以说是求之不得。代表团一行人 3 月 10 日从重庆出发，途经印度加尔各答，然后飞往埃及，从开罗乘坐美国专机前往华盛顿。

途中王赓在印度首都德里给母亲的平安信成了他的绝笔。

王赓称他"身体虽弱，尚无不适"。

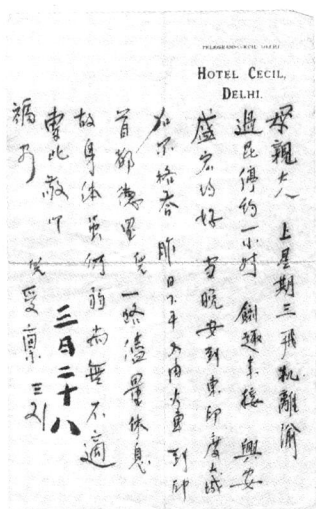

图 3.5.1：王赓的绝笔。

结果飞到埃及后立刻旧病复发。

一份驻埃及领事邱祖铭写给外交部的陈述，专门汇报了此事。这位邱领事的记录有三页之长，透过他那工整清晰的字迹，仿佛能在北非漫天的黄沙中看到那张窄小的病床。

3 月 30 日，军事代表团离开埃及前往美国，留王上校在此滞留，安置他入当地的英国军事医院。当时主治医生认为他休养数星期后便可继续行程。

4 月 4 日，王上校被列为严重病人。

4 月 15 日，王上校被改为危险病人。熊式辉示下，如有不测，与美军洽商，并留下一张 1000 美元支票。王上校打了针后神志恢复清醒，于是没有谈及。

5 月，病势稍有好转。王上校请领馆送些稀饭和蔬菜，另唤一位叫胡思钧的学生去陪他。

6 月起，病情又恶化，之前的排水针不再有效，王上校下身浮肿。余（邱祖铭）每星期日前去探视。

6 月下旬，王上校全身浮肿，四肢无力，下床需人搀扶。到了 30 日，学生胡思钧来报，王上校说对自己的病已然绝望，任命他为私人秘书，要为自己安排后事。余赶到医院，王上校说他快要走了，问棺材是否已经买好。

余追问王上校可否有遗嘱，先不肯多语，只云"国事为重，家事为轻"，余追问其详，云："抵抗至胜利为止。"余会意，又追问家事，云："……老母贤德，可自照料，拙妻虽不如老母贤惠，亦可自己照料，一男一女……为军人为文人，任其自择，可请俞大维先生不时照顾。"随即神志不清。

4日后，医院传来消息，王上校在7月3日凌晨3时10分与世长辞。

在异国他乡的病房里，在凄惨无助的弥留之际，王赓的身体被无限的病痛袭击着，他还忍受着孤独，身边没有一个认识的面孔，耳边听不到一个熟悉的声音。沙漠里只有一次次的日出日落，一个个漫长的清冷夜晚陪伴着他，直到他感受到自己生命之火渐渐燃尽，眼眸前的光亮一点点发暗。

不知道他是否后悔这个赴美的决定，毕竟如果留在昆明，或许就不会遭遇不测。就这样撒手人寰，他会有多不舍。想起母亲这么多年来一直对他相知相信，视他为家族的骄傲，如今却要白发人送黑发人，再也无法享受他承欢膝下……还有弟妹们，他们个个积极进取，相互扶持，也对长兄敬爱有加。当然他还会想到妻子，她嫁过来才三年，而且还是在战争时期，没过上几天好日子，还有那个宝贝儿子，他有着宽宽的额头，是王家钟爱的长房长孙，将来肯定会努力读书，然后考入清华，赴美留学，"为军人为文人，任其自择"，还有那个在襁褓中的小女儿，大大的眼睛，看上去那么秀静可爱，长大后她将披上婚服，嫁给哪个有志青年？……这些无尽的牵挂和遗憾，让他如何舍得离去？

或许只有当他再次回忆起那首被普林斯顿同班同学选为最喜爱

的诗，才能缓解这一刻心中的绝望和悲苦。

穿越恒界

日落和晚星
送来一声对我的召唤
当我缓缓走向大海
请不要在恒界悠叹

愿有股如沉睡的巨潮
盈满无缺，无声也无浪
再次将我载回
那埋葬在无穷深处的家园

暮色里晚钟敲响
往后只有黑暗
当我只身离去
告别中无需有忧伤

穿越此时此地
潮水不断将我牵引
当我穿越这茫茫边界
唯愿与那渡者片刻相视

日落星垂，暮色晚钟，愿他在无声的海浪中，穿越茫茫边界，前往永恒的国土。

他的一生是一张湖泊大海的地图，布满分布交错的河流：有无锡的运河，上海的黄浦江，北京的什刹海，浩瀚的太平洋，北美的密歇根湖，纽约的哈德逊河，巴黎的塞纳河，哈尔滨的松花江，柏林的施普雷河，还有埃及的尼罗河。这些形态、文化和轨迹迥异的水流，一路不断混合，从华东的良渚文化开始，兜兜转转，最终拥抱古老的地中海，沿途没有国界和关口可以阻拦，因为它们本来就彼此连接，最后也将回归一处。

图 3.5.2：王赓最后的照片。

王赓走后被以军官礼厚葬。

因为念及他毕业于西点军校，又是访美军事代表团成员，美方派出礼仪官兵鸣枪致敬。

埃及领事邱祖铭代表蒋介石和熊式辉送上花圈。

邱祖铭领事和曾陪伴过他的学生胡思钧和王赓非亲非故，却给予了他最无价的照顾。还要感谢那几位前来鸣枪的外国士兵，他们使得身为军人的王赓在死时获得了相应的尊严和荣誉。

图 3.5.3：王赓的墓碑。

王赓被葬入英国人所建的赫立奥波利斯战争公墓（Heliopolis War Cemetery）。这里埋葬了 1742 名英联邦士兵和 83 名外国军人，王赓应该是这里唯一的中国人。他的一双儿女，也曾去那里看望过他。公墓庄严整洁，维护得当，到处都是大片绿油油的草坪，没有一丝沙漠的痕迹。王赓的石碑上刻着"鞠躬尽瘁"四个大字，醒目地竖立在一片刻有英文和十字架的墓碑海洋里。

王赓过世的消息传回国后，昆明各界在武成路华山小学为他举行公祭仪式，他的母校清华大学的校长梅贻琦亲自为这个英年早逝的子弟献上挽联。远在北美的西点军校也为王赓留下充满敬意的悼词："王君的一生诚实、正直和爱国，他是西点的荣耀。"

　　三年后抗战胜利。他的西点学弟王之随代表团前往日本，在停泊于东京湾的美国"密苏里"号军舰上，接受了日方的正式投降。

　　他对国事的心愿终于得以实现，而他，已悄然长眠于异国他乡。

周边人物小传

游敬熙

——王赓的外甥

王赓三妹王淑敏所生长子，是我收集此书资料时唯一对祖父有印象的人。我向他询问他对祖父的记忆，他是这样回信的：

王赓的孙女冬妮希望我写一些有关她祖父的事情。事实上，我的确可能是活着的、见过王赓的为数不多的人了，我还曾与他短暂地居住在同一屋檐下。不幸的是那是好多年之前了，当时我还很年轻。王赓1942年去世时我也才十岁。在接下来的文字中，我将尽力回忆我和王赓在一起的岁月。无奈我的记忆不完整也不连贯，所以难保无错。

找的印象是王赓比他的兄弟姐妹都大很多。当王赓从美国留学回来后，家中已经开始没落，王赓无私地帮助弟妹：他把两个弟弟王廉和王序都送往欧洲留学。他还帮助我妈妈王淑敏完成高中学业。

为此，他受到弟弟、妹妹的喜爱和尊重。

王赓与我父母的关系非常亲密。我的母亲淑敏比他小整整十二岁，是他最喜欢的妹妹。王赓与陆小曼离婚后，我母亲搬去照顾他们的母亲，也就是我的祖母，我们用无锡话称她为"亲娘"，同时也照顾大哥王赓的日常起居。当日本人把他抓起来后，是我母亲出面寻找律师和官员来寻求王赓的获释。我母亲非常有能力，也很聪明，做事有决断。王赓后来告诉我母亲："我真应该让你读到大学。"

我父亲游弥坚是王赓和蒋百里的门徒——这两个人把我父母撮合在一起。1932年，我出生于上海。听我母亲说，我是王赓最喜欢的侄子，他常常抱着我玩，有时甚至会和我玩好几个小时。

1938年，我家搬到了昆明。祖母和我们住在一起。当时，王赓是兵工署的副署长。然而他一直未婚，独自住在附近的一间小房子里，有时会来我们家吃午饭或晚餐。我记得王赓是个英俊的男人，身高大约1.65米，骨骼健壮，头较大，那时已经发际线后移，眼镜片后面透出犀利的目光。在我看来他是一个威严又认真严肃的人，不常与我们这些孩子们瞎聊。我们都很尊敬他，在他面前尽量守规矩听话。

与陆小曼离婚后，王赓单身了很长一段时间。当我弟弟宗熙出生时，我母亲告诉他："既然你没有孩子，如果你愿意，我就让宗熙成为你的儿子。"王赓非常高兴并欣然接受。据我所知，这只是口头协议，他们并没有进行任何法律上的正式收养程序。从此我和我弟弟复熙称呼王赓为"大舅舅"，而宗熙则称呼他为"寄爹"。

不久之后，我听到我的父母谈论王赓再婚并且即将拥有自己的

图1：后排从左到右，蒋廷章（王珏的夫婿）、游敬熙、曾祖母的侄女王珏；前排从左到右，游复熙、游弥坚、曾祖母、王盛宏、王淑敏、游宗熙。

孩子。后来我家和祖母搬到了重庆，王赓则留在昆明工作。1942年初，王赓来到了重庆并与我们住在一起，他当时已被任命为美国军事会议的顾问。那时王庚的健康状况非常不好；他患有严重的肾病和高血压，需要特殊的饮食。我母亲在他准备参加会议时悉心照顾着他。王赓在我们家住了大约三个月后去了开罗，并在抵达后不久在那里去世。

在我看来，王赓是一个在错误的时代出生的天才。他在十六岁时去了美国，是最早一批在美国庚子赔款奖学金下出国的中国学生之一。从普林斯顿大学和西点军校毕业后，他回到中国。抗日战争始于 1931 年，不幸的是，蒋介石没有好好重用他，因为蒋不信任黄埔军校之外的人。换言之，王赓对蒋来说实在是太优秀了。在蒋的政府中，王赓只能担任兵工署的副署长，负责军备生产，而未能指挥军队，也没有参加过抗日战争的战斗。他之所以被派往美国参加军事会议，也是因为他是西点军校的毕业生，并且熟识美国军方的许多将军。不幸的是，王赓病得很重，在抵达开罗后不久就去世了，以至他没有机会向蒋提供关于中国战争进程的建议。他的才华被白白浪费，这非常可惜！

以下是我的姑妈王盛宏对她家中人物的回忆。

王淑敏

——王赓的三妹

我的姑妈王盛宏回忆了与三姑母王淑敏相处的点点滴滴。

王淑敏是父亲的小妹，读书只读到高中，结婚后也没有出去做事，而是当了一名全职的家庭主妇，但她因为很早就照顾她的母亲和大哥，对持家很有经验，把一个大家庭治理得井井有条。我姑妈上中学时，三姑母发现自己患了右乳癌，开始接受治疗，整个右乳切除后，又接受放射线治疗，但是过程太猛烈，她的右锁骨骨断裂，一直都无法愈合，影响到她的右上肢行动。她的丈夫游弥坚过世后，大儿子接她来美国住，她很想回大陆探亲，可是发现左乳也得了癌，并且已扩散至胸腔。那时，哥哥已考取公费留学生。她非常非常盼望能见到我哥哥一面，但她没有等到，哥哥获得了从1980年1月开始赴美的访问学者资格，可她在1979年11月病逝。1980年6月，六叔王序代表北京医学院来美洽商与默克药厂的合作事宜，大家在德州奥斯丁游敬熙家团聚，谈到三姑母数月前病逝，皆无比感伤：她等了这么久，却还是没有等来团聚的机会。

游弥坚

——王赓的妹夫

祖籍福建，第六代移居台湾。

27岁时游弥坚赴日本就读政治经济学，后去法国继续深造。回国后结识了王赓好友蒋百里，蒋将其介绍给王家，1931年娶王赓之妹王淑敏为妻。1932年，担任顾维钧秘书。1934年冬天，辞职返国，续任兵工署应用化学研究所总务科长。

1945年，日本战败台湾光复，游弥坚赴台办理接收事宜，同年10月17日抵达基隆港。乡亲父老们群聚码头，热烈欢迎，盛况空前。1946年，游弥坚被任命为第二届台北市长。国民党退败台湾后，对游弥坚颇为忌惮，于是后者主动请辞市长一职，开始淡出权力圈，致力推广台湾观光业，并创办出版社和文化协会。

姑妈刚去台湾的时候，游家的权势正旺，所住的房子比王兼士

图 2：游弥坚肖像。

在上海愚园路上的西式别墅还大三四倍。到了 20 世纪 60 年代，随着游家受到蒋派的排挤逐渐淡出政治圈，游弥坚全家搬去了信义路上更小的房子里，两年后又搬去了新生南路。

在姑妈的印象里，这位她称作"干爹"的三姑父总是很忙，他也颇有博雅的风范，兴趣广泛。就算在家他也不得闲，不是在书房看书、写文就是打理院子，培养兰花。游家是典型的男主外、女主内，三姑父不问家事，三姑母却只管家里事，负责照顾亲娘、小孩和管理佣人。

后来赴美谋生在台湾成了风潮，年轻人发现美国的工资很高，生活质量也更好。于是游家三兄弟和姑妈都去了美国。此后台北的地价节节攀升后，老房被拆，在原来的土地上建成多单元的高楼。

亲娘冯之珍

——王赓的母亲

　　无锡话称祖母为亲娘。亲娘祖籍常州，与陆小曼的父母为同乡。有亲戚说她家里是军机大臣，小时候进过皇宫和皇亲国戚一起玩过，但这些没有得到证实。

　　但亲娘确实和当时江南的富家小姐一样，有着一双小脚，尽管如此，她的一生却在全国各地辗转奔波。

　　晚年她患白内障，看不清楚东西，用放大镜能勉强看几则报纸头条新闻。听力也不好，别人要凑近她的耳朵大声说话，她才能听见。她信佛教，常年吃素念经烧香，相信因果报应。在经历了巨大的时代变革后，到了晚年，她无所求也不管事，姑妈喜欢去同学家玩，虽然她认为女孩子不应该整天往外跑，但她也管不动，同学来家里找姑妈玩，她也不反对。她认为女子也应该受良好的学校教育，出国留洋，像俞大维的妹妹俞大彩那样有学问，然后再嫁个像傅斯年那样有才华的丈夫。她喜欢排场，每年她生日，三姑母都摆两桌寿宴请亲朋好友来祝寿，但是她私下对姑妈说，如果你爸在世，我做生日就更风光体面了。她有一个箱子，装着她的寿衣，总共有十件，她说是百年后下葬用的，她准备好了。她最怀念自己的长子王赓，我哥哥是她最爱的孙子。

家中有共识不谈王赓病逝，因为怕亲娘受不了，所以只要亲娘不提长子，没有人会说起。如果亲娘问就骗她，称王赓仍在美国处理公务。但是亲娘心里明白，有一次她对姑妈说："他们都骗我，为什么和你爸一起出国的人都回来了，只有你爸一人滞留美国？"有一天，三姑父母瞒着亲娘，带姑妈去善导寺。到了那里，才告诉她，那天是她父亲六十岁冥寿，他们要做佛事纪念先父，先父好友王天鸣将军告诉姑妈先父生平，他提到先父曾与一位陆姓女子结婚，后来因感情不睦离婚，并没有说细节。姑妈在学校，有同学知道此事，讲给她听，并借了徐志摩和陆小曼的日记给她看，她才知道曾经有这么轰动一时的新闻。当时台湾的国文课本里有徐志摩的文章，也有作者简介，但只介绍他的籍贯、生卒年份、因空难死亡等，没有提到家庭和婚姻。

亲娘不喜欢我的母亲，她批评她"广东人奇风异俗，不懂规矩"，此外，她还觉得四儿媳顾毓桐小气，问题是她只和这两个媳妇一同住过，反而对那些没有跟她生活在一起的儿媳毫无意见，因此这印证了一句老话"多做多错"。她到台湾后，与三姑母一家和谐相处。毕竟先入为主的心态不一样：母亲能原谅女儿，生活习惯也相同。至

图3：亲娘和姑妈在台北郊外草山（阳明山）。

于女婿，她认为游弥坚器量很大，收容了她，她感激不尽。她总觉得她住在游家是作客，所以要识相。三姑父不管家事，他只管院子里的花草，所有家中事由三姑母决定，因此，亲娘与三姑父从没有冲突。她告诉姑妈，宁波人有句话："在儿子家，骂出骂进，在女儿家，谢出谢进。"有意思的是，一辈子重男轻女的她最终却被女儿女婿颐养天年。

三姑爷对先父王赓敬佩有加，但他从不提及我母亲。三姑婆对我母亲很有意见，认为她不该抛弃我哥哥和我，以后即使见到她也不必认她，更不必去找她。姑妈却认为，母亲有她的难处，一个年轻寡妇在战火纷飞的年代要抚养两个稚龄儿女，谈何容易。1977年，姑妈开始与大陆的亲人通信，得知奶奶与爸爸有通信，她告诉我爸爸希望与母亲联络，于是她们开始通信。母亲对姑妈感到愧疚，提到小时候爸爸和姑姑都是肉嘟嘟的胖娃娃，很可爱，他们的爸爸还说将来等他们长大了要带他们去美国瞧瞧。彼时，普通中国人一个月的工资仅30元而已，姑妈每个月寄美金20元给她母亲，姑父每月也寄钱给他在香港的父亲和在内地的弟弟妹妹。这些钱真是雪中送炭，母亲更感到愧对姑妈。除了写信外，母亲还寄一些她的画，她学生的毛笔字，儿童书籍给姑妈的孩子们读。1978年，三姑妈来姑妈美国的家中，问及母亲，姑妈告诉她，我母亲说她很佩服你，你又会理家又会带孩子，包子饺子全会做，能干得不得了。她还说，如果你要吃中药，她可以帮忙买了寄来。三姑妈听了心花怒放，从此再也没听到她对母亲不满的评语。1979年，三姑妈病逝于得克萨斯州的奥斯汀。那时母亲的健康状况每况愈下，她患有高血压和眼疾，要他人代笔写信，到了1982年，她卧床不起，哥哥那时在美国访学，说他回国后马上去看她。可惜不久，母亲病逝于广州。

王兼士

——王赓的四弟

以下从我的角度来介绍其他人物。

我的小叔叔王文熙提供了关于他父亲的信息，在此表示感谢。

王赓的四弟，原名王廉，成年后改名"王兼士"，据说是为了别人叫起"兼士兄"更方便。他生于1902年，小学就读于无锡第三师范附小，1926年考取北京交通大学。为了实现实业救国的理想抱负，他远渡重洋，前往德国慕尼黑大学专攻经济学，获得博士学位。1936年，王兼士学成回国，在南京金陵大学任教两年，后担任浙江省兴业银行总行副经理。1943年，任上海闸北水电公司董事兼经理。抗日战争胜利后，他积极恢复闸北电厂。

在新中国成立前夕，王兼士积极保护闸北电厂，后交给人民政府。1953年公私合营后，王兼士担任副厂长。

图 4：曾祖母和第三代。

　　1979 年 5 月，无锡同乡荣毅仁邀请王兼士协助他创建中国国际信托投资公司，并任命他为常务董事兼业务部经理。在那个百废待兴的年代，王兼士虽年事已高，但依然大胆带领中信率先进入国际资本市场，并策划各种中外合资模式。1995 年，他在沪病逝，享年91 岁，王军、荣毅仁等中信领导送上慰问。

　　我爸爸从小跟着四叔四婶在上海长大的，所以每到周末和逢年过节，我们都会去"上海爷爷"家吃饭。他们在愚园路上的老洋房隐藏在一条小弄堂里，里面有宽敞的客厅和阳台，楼下的部分在特殊时期分给了其他家庭。有一张我爸爸小时候跟堂兄妹还有亲娘在

图 5：我和"上海爷爷"。

阳台上的合影，就是在这里留下的。

我记得小时候去"上海爷爷"家吃饭都是很热闹的事，那里经常高朋满座，来的有亲戚，还有大人们嘴里的一些"厉害人物"，因为人多，有一个叫"陈妈"的佣人专门负责烧饭。我的印象中，上海四爷爷不太管家中之事，跟子女有些距离感，大家也都比较乖，只有到了第三代，最小的小堂弟天不怕地不怕地在他的大床上蹦蹦跳跳，"上海爷爷"也不说什么，眼里都喜欢。

据我的小叔叔王文熙回忆，他父亲从来不管家务，也从未进过厨房，一切由母亲做主。平时他对子女比较严肃，但从不管子女读书，不像今天的家长。在他印象中六叔叔王序也不太管子女教育，但会分担家务。

常州二伯父也就是王赓的二弟弟王幕山，更加沉默寡言，相比之下伯母性格就活跃一些。小叔叔还说，他的父亲性格忠厚，有自己的原则，说话直率，没有心机，观点鲜明，常常一针见血，脾气急躁，容易得罪人，这种待人处世的方法容易吃亏。

总的来说，王家几个兄弟都坦荡光明，义胆侠肠，善良而富有同情心，这样的性格不容易在官场和军界生存。

王序

——王赓的六弟

　　王序，1912年3月8日出生于江苏省无锡市。王父早年过世，靠大哥供养在北京上小学，后回无锡入辅仁中学。1935年毕业于上海沪江大学化学系。1936年在奥地利维也纳大学深造，四年后以优异的成绩获博士学位。回国后在浙江大学化学系任教授（时迁至贵州遵义）。1941年，为了照顾大哥王赓，王序转到北平研究院工作（离昆明5公里的黑龙潭）。该院初创时没有房屋，他就把山顶古庙的大雄宝殿当作实验室。那里工作条件很差，无水无电，他便用小炭炉作加热工具；请人从山下挑水上来，用一高一低的瓦缸架用来供冷凝器循环用水。文献资料不足，他便步行5公里到昆明市，再坐小火车到当时中央研究院的图书馆查阅。在这样困难的条件下，王序依然在国内外期刊上发表多篇论文。

图 6：王序和他的两位妻子、他们的子女和我父亲和姑姑。

我父亲和姑姑小时候都是王序和他的两位妻子照看。王赓去美国开会前特地交代妻子，有什么困难就去找六弟。

1945 年，抗日战争胜利，举国欢腾，王序本想专心从事科学研究工作，岂知国民政府对科研工作毫不关心，当时台湾已经光复，正需要研究人员。在这种情况下，他变卖了所有的衣物，举家回上海，然后转赴台湾工业试验所。台湾工业试验所的设备虽然不错，但接收大员并不关心科研，任凭日本人把珍贵仪器的重要零件拆走。王序目睹此状，甚为痛心，不到三个月便决心回北平。

1950 年，王序任北京大学医学院药学系（1952 年底改名为北京医学院药学系）担任有机化学教授、教研室主任。1956 年，王序当选为全国群英会代表，并出席全国群英会。1957 年以后，他响应号召，真诚地要求下厂向工人学习，培养工农感情。从 1958 年开始，他担任北京医学院药学系代理系主任。虽然在"文革"期间他受到冲击，但他不计前怨，"文革"结束后继续担任药学系的领导工作。1978 年担任系主任，1984 年为名誉系主任直到逝世。他一直关心着我父亲，平时经常通信，寒暑假也会邀请父亲去北京找他玩，是我的"北京爷爷"。父亲第一次出国时，王序还叮咛他，现在改革开放了，国家正是用人之际，一定要学成归国报效。王序和两位妻子都是工作狂，平时不怎么管小孩，但等有了孙女、孙子以后就喜欢得不得了，仿佛变了一个人。

1983 年，王序以 71 岁高龄加入了中国共产党。之前他申请入党却多次失败，后来有人告诉他，都是因为他独特的婚姻。

1984 年 2 月 10 日上午 9 时 40 分，王序突然躺倒在学校生化楼303 室的实验台旁边与世长辞。

金怡濂

——王赓长姐的儿子

陆小曼在婚后把陆家好友、留美工程师金奎介绍给了王赓的长姐王畹兰，两人顺利成婚，金氏夫妇生下的第三个孩子叫金怡濂。金先生曾说："在为人处世方面，我受母亲影响比较多，母亲为人厚道，总是用善意的眼光和心地看人待事，所以我们家当时不仅家庭关系和睦，跟邻里的关系也很和谐。"由此可见，母亲王畹兰的成长环境非常温馨，一众兄弟姐妹的感情一直很好，当年王家与陆家也相处融洽。

金怡濂受家庭教育的熏陶，从小勤奋好学，长大后考入清华，为朱镕基同志在清华的同届同班同学。他是"神威"超级计算机系统的总设计师，国家最高科学技术奖获得者和中国工程院院士。

图 7：金怡濂肖像。

王孟恢

——无锡嘉乐堂后人

王孟恢是比王赓小一辈的无锡嘉乐堂后人。他出生于 1913 年，二十一岁考入中央航空学校第六期航空班。该航校聘美国人为顾问，并购买美式飞机为教练用机。学校设飞行科、机械科、航行学、飞机构造学、发动机学、空军战术、无线电通讯及英语等课程，还送不少学员前往美国接受培训。基于王赓的军事背景及其对航空的研究，应该对王孟恢的志向给予过启发和建议。

1941 年 6 月，王孟恢驾驶北美机赴昆明经龙海镇撞山失事殉职，成了无数抗战期间遇难的空军将士中的一员。

如今王孟恢的姓名与资料被记载于南京抗日航空烈士纪念馆。

图 8：中央航校第六期生初级班全体教官合影。

俞大维

——王赓的上司与好友

亲娘曾说："俞大维的母亲（曾国藩的孙女）和我是结拜姐妹。"每年亲娘生日，俞大维都亲自来拜寿，并送上花篮一个，每次俞大维见到姑妈，第一句话就是"你爸爸和我是好朋友"。俞大维的儿子俞扬和娶了蒋经国钟爱的独生女儿蒋孝章，蒋经国非常反对，因为俞扬和曾经两次离婚，年纪也比蒋孝章大了许多，可是，一向乖巧听话的蒋孝章不顾一切嫁给了俞扬和，所幸他们的婚姻很美满。俞大维将儿子、媳妇和孙儿的全家福放在客厅茶几显眼的位置上，他们夫妇对这个媳妇显然很满意。

俞大维的妹妹俞大彩是傅斯年的遗孀，傅斯年曾任台湾大学校

图 9：俞大维肖像。

长。毕业于上海沪江大学外语系的俞大彩后来在台湾大学外文系当
副教授，给的考试分数比较严格，让学生们不喜。她先生傅斯年更
是让学生们又敬又怕。

俞大维的弟弟乏善可陈，只知道他的太太喜欢浓妆，每次看到
她，她脸上都涂着厚厚的脂粉，像是舞台上唱戏的京剧演员。

黄汉梁

——王赓在密歇根大学的同学

　　与王赓同为 1911 年的第三届庚子生，同在密歇根大学读完第一年。黄汉梁留下读了第二年。王赓则转往哥伦比亚大学，最后大家第三年又都进入普林斯顿大学，成了室友。毕业季，黄汉梁被辉格社选为学生致辞代表，在发言中强烈抨击日本军国主义，给美国人留下了深刻的印象。从普林斯顿大学毕业后，王赓决定从军，前往西点，黄汉梁则进入哥伦比亚大学继续攻读经济学博士，博士论文为《中国地产税》(*The Land Tax in China*)。回国后，黄汉梁于 1923年任新加坡和丰银行上海分行的经理。1930 年任铁道部常务次长，1931 年 12 月到 1932 年 1 月，短暂地署理财政部部长。黄家旧宅位

图10：黄汉梁照片。

于上海市愚园路 1055 号的花园洋房。黄汉梁晚年在美国逝世。生有
六子二女，最小的儿子黄宗智现为中国人民大学法学院讲座教授，
主要研究明清社会史、经济史和法律史。

邹邦元

——王赓在密歇根大学的同学

邹邦元和王赓同时出现在密歇根大学中国学生俱乐部的照片里。前者比后者大十岁，她来自江西九江，毕业于著名的儒励女中。在1909年成为首批庚子退款留学生中非常少见的女学生，先后在美国西北大学、密歇根大学、芝加哥大学等三所顶尖院校获得理学士以及医学硕士、医学博士学位，后入职纽约市立医院、波士顿传染病医院、芝加哥妇产医院等美国享誉甚高的医疗单位。1921年，邹邦元选择回归家乡九江，加入近代中国首位女医科留学生石美玉创办的但福德（Elizabeth Danforth）医院。后来在1925年，邹邦元在南京创办了东南医院。1941年前后，浙东抗战局势愈发紧张，邹邦元在迁往上海的路上因病在宁波不幸离世。邹邦元的一生以现代女性的身份成为中国医学走向近代化路程上的一道独特风景线。

密歇根大学性别开放的传统对邹邦元的成就功不可没。早在 1896 年就有两名中国女生从该校医学院毕业，比邹邦元入校还早了十三年，这两人学成后归国服务，校董利瓦伊·刘易斯·巴伯（Levi Lewis Barbour）知道了她们的事迹后非常感动。为此专门设立了授予亚裔女性的巴伯奖学金，帮助了众多亚裔女子前往该校就读，其中就包括中国第一所女子大学金陵女子大学的校长吴贻芳。

图 11：邹邦元肖像。

图 12：1924—1925 年的亚裔女性奖学金获得者合影。

欧洲考察团

    1919 年，梁启超率领的民间访问团，其中的成员有蒋百里、刘崇杰、丁文江、张君劢、徐新六等人，都是术业有专攻、思想开放的青年才俊，他们通过巴黎之行认识了王赓。由于蒋百里是学军事的，于是成了王赓的至交，徐志摩通过这位亲戚结识了王家。张君劢专攻政治学，把妹妹嫁给了徐志摩，后来他创立了国立政治大学，曾邀请王赓担任军事教授。徐新六是段祺瑞政府的财政部秘书，钻研经济，王赓的弟弟王兼士受到他的影响，对经济学产生了兴趣，后来前往慕尼黑大学深造，回国后成了第一个将西方经济学大师凯恩斯的思想引进到中国的人。另外还有徐新六推荐给梁启超的地理学家丁文江，曾和蒋百里、王赓一同辅佐过孙传芳。

图 13：1919 年，中国欧洲考察团在巴黎的合影。前排，左二为蒋百里，左三为梁启超，左四为张君劢。

梅贻琦

——与王赓同为庚子留学生

著名教育家、清华大学校长。在 1909 年首届庚子赔款奖学金考试中，总共有 630 名考生角逐，梅贻琦排名第六（总分 834 分，平均分 75.11 分）。1914 年，他获得伍斯特理工学院工学士学位。1915年回清华执教，1921 年赵元任与杨步伟结婚后与科学社的北京成员聚会，王赓和梅贻琦都在其中。

1931 年梅贻琦担任清华校长。抗战时期，清华、北大和南开撤退至昆明，组成西南联大，由梅贻琦担任常务委员会主席主持校务，当时王赓也在昆明工作，与教育文化界颇有往来，两人都是庚子生，也都是清华人，一定也是多有交集。梅贻琦靠自己的操守和品德，在内忧外患之时成为战时教育的灵魂人物。当时的条件非常艰苦，虽然贵为堂堂的清华校长，他却穷得被学生亲眼看到去当铺换钱。他的夫人和教务长潘光旦教授的太太迫于生计，制作了一种米

图 14：梅贻琦肖像。

糕，叫定胜糕，上街提篮售卖时，为了顾及学校的名誉，怕被人认出，还换上佣人衣服。梅贻琦的儿子为躲避日机轰炸，跑警报时跑丢了眼镜，居然无钱再配副新的。尽管这样，每次西南联大申请到政府的救济补助，梅贻琦总是不准自己在校的两个女儿和儿子领取。[113]

王赓去世的消息传回昆明，梅贻琦作为清华校长，又是当年一同从清华学堂走出去的庚子生，亲自为他献上挽联。那一刻，梅校长为王赓悲伤，同样也为他感到骄傲——清华子弟能文能武，无不以国家为重，死得其所。梅贻琦后来病逝台湾。家人在整理他的遗物时，竟然发现在病床底下有一个带锁的手提包。里面装的是清华基金的账目，每一笔都清清爽爽，毫厘不差，可他没有为家人留下任何财产。

莫雄

——王赓任职税警总团时的手下

他曾为王赓"投敌事件"作证，他指出，当初王赓和宋子文讲了一堆英文后，把重要的文件留给了他，所以不可能交给日本人。

莫雄的可信度来自他自己的历史。他是广东英德人，是辛亥革命老前辈。

1930年他前往上海追随宋子文。在旧部下的介绍下，他认识了严希纯、项与年、华克之、卢志英等人，并与中共中央特科搭上线，成为特科的重点统战对象。

后来莫雄获取了国民党第五次"围剿"中央苏区的绝密情报，冒险把计划写在几本《学生字典》上，派人送给红军，这份重要情报使得中央红军赶在蒋介石"铁桶围剿"的包围态势完成之前，从敌人相对薄弱的地方撤出革命根据地，并且于10月中下旬开始了举世闻名的长征。

后　记

1948 年，王赓年迈的母亲带着七岁的孙女王盛宏和十六岁的外孙游敬熙从上海乘了两天两夜的船到达基隆港。她的侄子冯季新已经在那里等候，然后带他们去与身居台北的三女儿淑敏和女婿游弥坚汇合。游弥坚是来台的第六代福建人，1945 年台湾光复后返台，翌年起担任第二届台北市市长。

我的父亲王兴安则因为上学的关系留在了上海——王家依然是一切以读书为重，何况大家都以为内战只是暂时的——因此父亲留在了四叔公家。我奶奶因改嫁不得已丢下了他们，所以兄妹两人被王赓的四弟和三妹分开抚养。王赓之死没有人敢告诉他母亲，只是不断谎称他还滞留在美国，但时间久了曾祖母会问起"为什么同去的人都回来了？"似乎也猜出了真相。

"文革"中，王赓的四弟王兼士列出一张财产表，里面有一家国外委托基金，受惠人是"王将军的家人"。这些钱应该是王赓的好友为他的募款。出手相助的人很可能有王赓临终时提到的俞大维，也可能有宋子文。因为从前宋子文替张学良的子女保管了一笔钱，在他们成年后尽数交还。

去了台湾的姑姑始终记得哥哥曾经是她的保护伞。小时候她丢了铅笔，哥哥一定会把自己的两支分一支给她；丢了蜡笔，哥哥会切一小段给她。还有一次，为了怕她再丢东西，曾祖母将一块橡皮穿了洞，用绳子挂在她脖颈上，可她还是弄丢了，幸好哥哥又切了一小块橡皮给她。

姑姑在台湾长大的时候，电视和网络还不普及，更没有《人间四月天》这样脍炙人口的电视剧，所以姑姑对自己父亲的"艳闻"一无所知。小时候，家中知情之人也对祖父的前一段婚姻讳莫如深，三缄其口。直到有一日，祖父的三妹和妹父瞒着曾祖母带着姑姑去善导寺做法事，并告诉她，此行是为了给她的父亲做六十岁冥寿。同行的王天鸣将军此时透露祖父曾与一名"陆姓女子"结婚，后因感情不和而离异，姑姑依然懵懵懂懂。日后直到她看了同学借给她的徐志摩与陆小曼日记，才知道原来课本里大名鼎鼎的诗人曾是自己父亲的情敌。

姑姑和爸爸分隔两地，各自成长，姑姑是家里唯一的女生，她有三个表哥，但再没有亲哥哥的庇护。而我的父亲也没有了那个需要他照顾、粗心大意但眼睛圆圆、惹人疼爱的亲妹妹和视他为心肝宝贝的奶奶，这些人成了父亲的"海外关系"，让他在很长一段时间里备受指责。曾经一段时间里，父亲活得小心翼翼，却一直拼命用功读书，在他心中，他始终是那个要让王家骄傲的长子长孙，结果他真的也像祖父般"学业出众"，考取了中国改革开放后第一批公费出国的名额。

这时曾祖母已经过世，后半生她带着浓浓的思念，一直没有等到长子的归来，或许只能在天上重聚。两岸关系正在回暖，即将允许私人往来，这个消息让三姑妈无比兴奋，她非常想念在大陆的兄弟姐妹和亲戚，可惜开放前的最后一刻她得了癌症，没有能回到大陆就饮恨而去。王兼士在改革开放后，受荣毅仁的邀请，以七十多岁的高龄再次出山，于中国国际信托投资公司（今中国中信集团有限公司）出任董事，为中国走好市场经济之路奉献了力量。王序在"文革"后抓紧追赶损失的时间，最终在中药活性成分的研究上做出突出贡献，被评为中科院院士。姑姑从爸爸那里知道了自己的母亲生活在广州，便写信与她取得联系。我的奶奶一方面因终与亲骨肉相认而欣喜若狂，一方面也怀有深深的内疚，她告诉我姑姑，自己一直在想她，但请她原谅"三十多年前的事……我离开你时，你才学走路，这是环境所迫，我不愿再讲了，总之请谅解，请认我"。两年后，我的父亲和姑姑在分隔了三十二年之后，首次在太平洋另一头的美国相聚。

在父亲上飞机赴美的那一天，我呱呱坠地来到这个世界，对之前的一切毫无所知。那些斑驳的历史在岁月的日晒雨淋中化作碎片，随风散落在尘埃里，等待着我有一天俯身将它们一片一片拾起，重新拼接成一首往事之歌。

那个契机来自几年前我妈妈打来的一个电话。在手机的另一头，她不开心地对我说："你看到网上是怎么说你爷爷的吗？你能不能找到那些作者，让他们纠正那些文章里的错误？"

在网上的一些传言里，我的爷爷是民国时期的痴情男子，一个高开低走的悲情学霸，他十六岁考取庚子奖学金，然后赴美深造，成为进入西点军校的第三名中国人，毕业成绩排全校第十二名。在他二十七岁的人生巅峰，与旷世佳人陆小曼成婚，轰动了整个京城。婚后他工作繁忙，被师弟徐志摩趁机横刀夺爱，最终被迫离婚。痛失挚爱的他对前妻一直念念不忘，从此孤寡余生没有再娶也无子女。这个故事不但绘声绘色、言之凿凿，还配上了缠绵音乐和精美图片，让我们全家哭笑不得：如果事实果真如此，那我父亲和姑姑又是怎么来的？我和姐姐又算什么名堂？

按照母亲的吩咐，我试图追溯网上那些信息的来源，却发现在现在这个八卦满天飞的时代，以讹传讹、人云亦云是最平常不过的事。思来想去，与其跟无数网页逐一理论，还不如主动出击，将祖父不为人知的真相公布于众，驱散种种传闻和流言，同时也让众人看到他在"陆小曼前夫"这个标签外的人生。于是作为他的孙女，我开始撰写这部传记。在我的视角里，有时他就是我想象中的祖父，家人心中的传奇，与我从未谋面却与我有着1/4血缘关系的至亲；而有时他又是那个叫作王赓的历史人物、大众感兴趣的对象、报刊文献里出现的名字。

在往后的几年里，通过阅读各种资料，我的眼前浮现出他的身影。我随着他坐上了那艘载着庚子学生的邮轮，前往美国，感受着第一次出海的新奇。我发现他在那里读书时候的生活那么精彩纷呈，他与那些 20 世纪的美国同学竟然如此合得来。后来我看着他去了法国，见证了复杂又震撼的巴黎和会，回来后与倾倒众生的陆小曼结婚又离婚。再后来就是关于他被抓的笔供和记录。一开始我只找到一些来自第三者的说辞，这让我有些失落，毕竟这些信息并非来自当事人。谁料冥冥中神灵眷顾，我居然在翻阅档案时发现了一份祖父亲手写给蒋介石的报告。阅读之前，我的心揪了起来。我以为这里面的文字会非常卑微，祖父会哀求蒋介石相信他的清白、免去对他的刑罚。看完后我才发现，祖父的口气异常冷静，只是用客观的语言陈述事实——果然摇尾乞怜、为自己开脱并非祖父的行事风格。之后出现了那位叫凌菊如的女士，后来他有了我奶奶，生下我爸爸和姑姑，我感到心头一暖，终于在四十岁以后，他有了一个自己温馨的家。最后我看到他不顾抱恙再次前往美国，结果病倒在埃及，想到他死前受到的身心摧残，我不由得心头一紧，那一张在沙漠里显得无比凄凉的病床一直盘绕在我的眼前，久久不去。

写完结局时，我身处柏林家中，抬头望向窗外，湛蓝的天空下，树上的叶子已经金黄。我在想，祖父您那年在柏林休养的时候，也是这样的深秋景色吗？

突然我想亲口唤您一声爷爷。

细想起来，我的生命轨道跟您有很多相似之处。我在上海长大，十多岁的时候去了美国，在那里完成学业，后来在欧洲游荡。

记得有一次我回国在云南旅游，遇到一名少数民族女孩，在得知我去过那么多地方后，她一脸惊讶地问我："你一个人出那么远的门，难道不怕吗？我长这么大，还从来没有离开过这里。"我打量着她，心里想，你长这么大，连家门都没出过，也不正常！

于是我们互相端详，视彼此为怪物。现在想想，原来在我的血液里，早就流淌着远行的冲动和热忱。多么希望，您能亲自向我描述所去过的地方，比如那秀美温婉的无锡老家，刚刚崭露头角的美国名校，第一次世界大战后的巴黎，北洋时代的文艺北京，20 世纪30 年代繁华自由的上海，法西斯上台前的柏林，抗战后方大师云集的昆明……

可我太贪心了。这些都不重要，我只要您还在，哪怕只能看到您一眼，轻轻握一下您的手，感受它的温度和力量……

惆怅追得我无处可逃，我抬起头，却惊然看到那片无声的潮水退去，您朝我微微一笑，然后握起我的手——原来，您一直都在。

一切都变得不一样了。我就像当年罗马的布鲁图斯，被那股无法挣脱的神秘力量所支配。那燃烧着自由、爱与美的火种，我将从您手里接过，它将在我手里继续照亮世界。

因为我，是您的血脉；因为江河，不论如何千回百转，终将流向大海。

注　释

1 崇宁路王氏住宅群一直保存至 1995 年无锡城旧房大拆迁。宅地原址改建为公安司法办公大楼。王氏老宅小娄巷后门斜对面是王赓宅第，中华人民共和国成立后作县公安局办公地。

2 摘自 Bieler, Stacey. "Patriots" or "Traitors"?:A History of American-Educated Chinese Students. Routledge, Taylor & Francis Group, 2015. pp.96–97.

3 诗的全文为（作者翻译）：那些身负盛名的希腊宏伟雕像 / 磅礴的身躯坐落于万里疆土 / 但我们的岸边，落日余晖中 / 站立着一位伟大的女子，她高举火炬，/ 被所有流浪者呼为母亲 / 禁锢的闪电，在她的手里，/ 释放出迎接全世界的光芒，/ 她那双温和的眼睛 / 眺望着两岸城市环绕的海港 / 留下那些雕栏玉砌，那些繁文缛节，/ 那些古老文明 "她双唇紧闭，却有力呐喊 / "那些不堪重负，筋疲力尽，/ 无力挣扎 / 但却疯狂渴望自由的身躯，/ 那些被世人唾弃，被磨难洗礼 / 被命运捉弄的受苦者，/ 将他们尽数送来。/ 我将站立在镀金的港岸，高高举起这盏灯，/ 为他们开道。

4 "Our 800 Chinese Students." The Sun (New York [N.Y.]), October 8, 1911 (3rd

Section), p. 5, Chronicling America: Historic American Newspapers. Lib. of Congress.

5 林语堂还说："我一向认为大学应当像一个丛林，猴子应当在里头自由活动，在各种树上随便找各种坚果，由枝干间自由摆动跳跃。凭他的本性，他就知道哪种坚果好吃，哪些坚果能够吃。我当时就是在享受各式各样的果子的盛宴。"林语堂：《八十自叙》第六章。

6 陈寅恪留学十六年，却一直没有拿到任何文凭，只因不想为拿一张学位而受到局限。

7 "Chinese Club Increases", The Michigan Daily, October 10, 1911 (vol. 22, iss. 6), p.1.

8 "Chinese Student Is Offended—Unkind Expression in German Grammar Causes Protest", The Michigan Daily, February 14, 1912 (vol. 22, iss.91), p.1.

9 当时革命的领袖孙中山人还在美国，事发后在欧美周旋两个月，直到 12 月 25 日才回国，可见先前也是毫无预知的。

10 "Chinese Favor Republicanism: Sycip?Believes Manchurian Oppression to Be Doomed in China," The Michigan Daily, January 18, 1912 (vol. 22, iss. 80) p. 3.

11 Oscar Beckmann, "China and The University", The Michigan Daily, January 26, 1912 (vol. 22, iss. 87) p. 2.

12 朱立奇：《中国近代杰出女医生邹邦元魂归何处？》，《宁波晚报》2020 年 6 月 18 日。

13 杜威的思想曾对 20 世纪前期的中国教育界、思想界产生过重大影响，培养了包括胡适、冯友兰、陶行知、郭秉文、张伯苓、蒋梦麟等一批学者。

14 "Chinese Act Native Drama In English", The New York Times, May 17, 1912.

15 "Koo Departs for China", Columbia Daily Spectator, Volume 140, April 9, 1912, p. 1.

16 顾将出任袁世凯英文秘书兼内阁秘书。

17 1915 年古德诺写下备忘录，也就是我们今天所知的《共和与君主论》。

18 感谢黄汉梁先生的孙女对本书所提供的帮助。有关她祖父生平的信息，可以查看此网站：www.huangquest.com。

19 "Fifty One Percent of Graduating Class Drink", Daily Princetonian, Volume 38, no 225, April 22, 1915.

20 英国作家罗伯特·史蒂文森，著有《金银岛》。

21 英国作家司各特，著有《艾凡赫》。

22 美国著名无声电影演员。

23 受宗教影响，不少美国基督教徒认为喝酒是一种罪恶，于是宪法在1920—1933年被修改，全国进入了"禁酒时期"。

24 "PRES. HIBBEN OPENS YEAR WITH STIRRING ADDRESS", Daily Princetonian, Volume 38, Number 78, 25 September 1914.

25 "Japan Will Play Only Passive Role in War", Daily Princetonian, Volume 38, Number 156, 15 January 1915.

26 "Seventeen Seniors Get Diplomas From Whig Hall", Daily Princetonian, Volume 38, Number 242, 12 May 1915.

27 有关麦克尔罗伊和其他美国教授的中国经历，请参考陈怀宇所著的《清华与"一战"——美籍教授的中国经验》，浙江古籍出版社，2021年5月。

28 "Princeton Honors Many Noted Men", New York Times, June 16, 1995.

29 John Pomfret, The beautiful country and the Middle Kingdom, Henry Holt and Company, New York: 2016, p. 169.

30 井振武：《李鸿章与格兰特交情不浅》，《今晚报》2008年8月12日。

31 "Chinese at West Point", The New York Times, June 15, 1905.

32 "Open West Point to Chinese", The New York Times, Feb 24, 1911.

33 作者翻译。

34 英文原文：

Crossing the Bar——

Lord Alfred Tennyson

For tho' from out our bourne of Time and Place

The flood may bear me far，

I hope to see my Pilot face to face

When I have crost the bar.

When that which drew from out the boundless deep

Turns again home.

Twilight and evening bell，

And after that the dark!

And may there be no sadness of farewell，

When I embark ；

For tho' from out our bourne of Time and Place

The flood may bear me far，

I hope to see my Pilot face to face

When I have crost the bar.

35 华宸:《国民党炮兵纪实：中国王牌部队征战和兴衰实录》，中央编译出版社，2011 年 4 月。

36 Mike Hong, "Coming Full Circle at West Point," The Margins, February 13, 2018.

37 "Cadets Think Chen A Chinese Prince"，New York Times，June 21, 1909.

38 蒋廷黻:《蒋廷黻回忆录》，岳麓书社，2003 年，第 57 页。

39 西点军校校刊《榴弹炮》1919 年，第 128 页。

40 作者推测，可能是围棋。

41 指驻美大使顾维钧、驻英大使施肇基和驻法大使胡惟德（非正式代表）。

42 和谈时为比利时公使。

43 Manela Erez, The Wilsonian Moment: Self-determination and the International

Origins of Anticolonial Nationalism. New York: Oxford University Press, 2007, p.179,180.

44 这方面最早的代表作有 16 世纪马基雅利的《君主论》。

45 威尔逊前后数次前往欧洲，打破了之前美国总统没有在任期内长期外访的历史。

46 Manela Erez, The Wilsonian Moment: Self-determination and the International Origins of Anticolonial Nationalism. New York: Oxford University Press, 2007, p. 55.

47 马建标：《塑造救世主："一战"后期"威尔逊主义"在中国的传播》，《学术月刊》，2017 年 6 期。

48 "Chinese Military Delegation Arrives." The Birmingham Age-Herald, January 1, 1919, p. 7.

49《申报》1919 年 1 月 3 日。

50 唐启华：《巴黎和会与中国外交》，社会科学文献出版社，2014 年 7 月。

51 同上，第 173 页。

52 Erez Manela, The Wilsonian Moment, p.179。

53 同上，第 184 页。

54 同上。

55 同上，第 185 页。

56 同上，第 186 页。

57 杨步伟：《一个女人的自传》，广西师范大学出版社，2014 年 7 月，第 206—207 页。

58 王元晶：《矢志追梦科学报国——读〈金怡濂传〉有感》，中国工程院二局科学道德处，2017 年 3 月 24 日。

59 1924 年 4 月 23 日，泰戈尔抵达北京。在正阳门东车站迎接的有梁启超、蔡元培、林长民、胡适、梁漱溟、蒋梦麟、辜鸿铭、熊希龄、范源濂等文化名人及各界人士。

60 熊辉：《徐志摩、林徽因的情感纠葛与泰戈尔访华》，搜狐·看天下，2017 年 4 月 3 日。

61 孙文晔：《1924：泰戈尔中国行》，《北京日报》，2020 年 8 月 11 日。

62 Susima，意为月亮石。

63 Marcus Dam, "Tagore's Fascination for China", The Hindu, October 18, 2011.

64 诗歌由作者翻译，英文原文如下：

In the vessel of my birthdays，/Sacred waters from many pilgrimages/Have I gathered, this I remember./ Once I went to the land of China，/Those whom I had not met/Put the mark of friendship on my forehead，/Calling me their own…

65 陆宗麟：《往事｜忆姑母陆小曼（上）：曾受顾维钧器重的才女》，澎湃新闻，2020 年 11 月 27 日。

66 她写信给刘海粟："他给我的那一片纯洁的真情，使我不能不还他整个的从来没有给过人的爱！"刘海粟代序《寂寞烟花梦一朵》，陆小曼著，陕西师范大学出版社，2007 年 7 月。

67 陈毅曾与徐志摩有过笔战，但后尊徐为师，陆为师母，胡适在台湾得知陈毅照顾陆后感叹陈很有人情味。

68《闻一多留美受辱心生愤慨，三年便返》，《人民日报海外版》2011 年 11 月 4 日。

69 全信见《胡适遗稿及秘藏书信》第二十三册，耿云志主编，黄山书社，1994 年。"胡适书信：他人致胡适信（一）"第 536—537 页。

70 引用苏晓康在《普林斯顿档案中的王赓》中的翻译。

71《小曼日记》，5 月 14 日。

72 摘自《西服与小脚》，p.287："The only problem was, she was married. Her husband, chief of police in Manchuria, had discovered the affair and threatened to kill Hsü Chih-mo." Excerpt From: Pang-Mei Chang. Bound Feet & Western Dress.

73 中国依据《民法》的第一桩西式离婚案。

74 徐志摩日记 9 月 11 日写道："所以我忍不往（怕你真又糊涂了）写了封信给他，亲自跑去送信，本不想见你的，他昨晚态度倒不错，承他的情，我又占了你至少五分钟。"

75 这个故事是电影《一代宗师》的原型。

76《申报》1926 年 3 月 5 日第 11 卷。

77《申报》1927 年 9 月 13 日第 9 卷。

78《申报》1929 年 3 月 21 日第 7 卷。

79〔德〕王安娜:《中国——我的第二故乡》,生活·读书·新知三联书店,1980 年,第 196 页。

80《申报》1931 年 7 月 25 日第 7 版《唐腴庐先生故旧公鉴》中说:"腴庐先生惨于本月廿三日上午遇难逝世,兹由家族决定,于本月廿五日下午三时,在胶州路万国殡仪馆大殓,四时三十分在虹桥路工部局公墓举行葬礼。凡腴庐先生故旧,统望于下午三时前,齐集万国殡仪馆,致奠执绋,以志哀忱,特此奉布。宋子文、孔祥熙、吴敬恒、刘瑞恒、沈庆圻、杨铨、蔡元培、于右任、徐志摩、黄维崧、刘成禺、韦宪章、徐韦曼、周启邦、郑莱、秦景阜、席德炯、邓勉仁、陈蔚青、陈凤宸、王赓、郭德华、程沧波、胡宪生、张寿镛、李调生。"

81 建溪:《一幅欢迎蔡廷锴将军访美华埠的海报》,《人民日报海外版》2006年 9 月 19 日。

82 Donald A. Jordan, China's Trial by Fire, Ann Arbor: The University of Michigan Press, 2001. pp. 71–72.

83 "蒋中正电俞济时增援淞沪之军队须绝对服从蒋光鼐指挥与第十九路军共同进退",1932 年 2 月 10 日。台湾"国史馆"档案 / 全宗系列蒋介石文物 / 文物图书 / 稿本(一)/002–060100–00045–010。

84 "Col. Wang Not Executed", New York Times, Mar24, 1932.

85 "Japanese Say Wang Legally Was a Spy", New York Times, Mar1, 1932.

86 蔡登山:《"退兵只为舆图失"吗? ——为王赓献地图辩》,《作家生活志》,2014 年 12 月 30 日。

87 陆小曼:《关于王赓》,《文史资料选辑》第三十辑,1962 年。

88 日本外务省外交文书,昭和七年(1932)2 月 28 日电报。

89《美国领事向国务卿汇报一牧师被日本人抓捕》,《远东(The Far East)》,

1932 年第四卷。

90 "Chinese Officer Caught by Foe Proves to Be a West Pointer", New York Times, Feb 29, 1932.

91 Peter Harmsen: "Military Attach: Witness to Carnage", China in WW2/Peter Harmsen's blog on the 1931045 conflict and the brith of modern Asia.

92 最后几句:"却向香巢访玉人,未防鹰隼攫来疾。才知女宠原祸水,破国亡家皆由此。"摘自蔡登山:《一·二八"王赓幽会失地图"之谜》。

93 蔡登山在《空轩诗话》中谈到邓之诚的《后鸳湖曲》,见《一·二八"王赓幽会失地图"之谜》。

94《王赓何如矣》,《中华画报》1932 年 5 月 30 日。

95 蔡登山:《一·二八"王赓幽会失地图"之谜》,《同舟共进》2010 年第 4 期。

96 蒋光鼐、蔡廷锴、戴戟:《十九路军淞沪抗战回忆》,《文史资料选辑》第 37 辑,中华书局,1963 年版,第 13 页。

97《蒋介石将亲审王赓:王对人谈话》,《上海报》1932 年 3 月 14 日。

98《申报》1932 年 8 月 3 日。

99《王赓狱中绝食》,《社会日报》1933 年 4 月 3 日。

100 感谢 Wing Chi Chan 先生的提示。

101 陆宗麟:《往事 | 忆姑母陆小曼(上):曾受顾维钧器重的才女》,澎湃新闻,2020 年 11 月 27 日。

102《申报》1926 年 12 月 15 日第 8 卷。

103《蒋介石将亲审王赓:王对人谈话》,《上海报》1932 年 3 月 14 日。

104《精华》第 60 号,1932 年 5 月 19 日。

105 顾慰庆:《抗日战争时期的顾毓琇》,新华网,2014 年 9 月 3 日。

106 同上。

107 陈宛茜:《与陆小曼分手后的王赓》。

108《竺可桢日记》1941 年 1 月 26 日星期日:据王序云,其兄王庚即绶卿,在昆明兵工署事务甚忙,又血压高,故须人护视,渠不得不往。故在北平研究院谋得事，月薪在 450 元，较此地为高，但渠未提薪水事，但云其兄须人护视而已。余告以绥卿能来亦欢迎。

109 比如随着经济恶化和物价飞涨，将学生的救济改成无须还本的公费制，将老师和公教人员从工资改为实行实物发放。钱念孙：《抗争时期的教育救助与文化自强》，《群言》2020 年第 9 期。

110 余斌：《西南联大的背影》，生活·读书·新知三联书店，2017 年，第 232 页，第 236 页。

111 史语所档案：昆 17-2-17，1940 年 12 月 9 日；昆 17-1-24，1940 年 12 月 11 日。

112 署名的有冯友兰、张奚若、罗常培、雷海宗、陈福田、李继侗、陈岱孙、吴有训、汤用彤、郑天挺、黄钰生、陈雪屏、许浈阳、饶毓泰、燕树棠、孙云铸、查良钊、施嘉炀、李辑祥、章名涛、王德荣、陶葆楷、苏国桢、杨石先、陈序经等。见贺祥麟：《西南联大教授们的道德和人格力量》，摘自《庆祝西南联合大学成立 65 周年纪念特辑》，2005 年 8 月 30 日。

113 钟秀斌：《梅贻琦的清华故事》，《北京晚报》2021 年 12 月 9 日。

江河行地，海浪无声：我的祖父王赓

JIANGHE XINGDI HAILANG WUSHENG : WO DE ZUFU WANGGENG

图书在版编目 (CIP) 数据

江河行地，海浪无声：我的祖父王赓 / (美) 王冬妮著 . -- 桂林：广西师范大学出版社，2024. 7.

ISBN 978-7-5598-7169-5

Ⅰ . K827=6

中国国家版本馆 CIP 数据核字第 2024KD9761 号

广西师范大学出版社出版发行

广西桂林市五里店路 9 号　邮政编码：541004

网址：http://www.bbtpress.com

出　版　人：黄轩庄

责任编辑：吴赛赛

特邀编辑：李　馨

装帧设计：尚燕平

内文制作：张　佳

全国新华书店经销

发行热线：010-64284815

山东韵杰文化科技有限公司印刷

山东省淄博市桓台县桓台大道西首　邮政编码：256401

开本：850mm×1168mm　1/32

印张：9　图 . 69 幅　字数：150 千

2024 年 7 月第 1 版　2024 年 7 月第 1 次印刷

定价：68.00 元